U0111803

大展好書　好書大展
品嘗好書　冠群可期

大展好書　好書大展
品嘗好書　冠群可期

太極長生法門

（三）

——性功運動

（附DVD）

趙憲民 著

大展出版社有限公司

自 序

古來中華武術的代代傳承，以心口相傳或有師父留一手，傳媳不傳女，或不傳外姓、外族等等文化存在；使許多太極拳派的內修心法，內功精華流失於傳承間。這是目前看各門派的拳架活動，流於身體四肢體操、外在運動，或在意識層面作為、身肢鬥力，在招式變化技巧、身肢上推手作功；把人體自主功能內修，吐納導引、生性健康法門，遺落於代代口授心傳間、失傳了。

楊家秘傳太極拳術，秘在張三豐祖師延年益壽功法完整傳承；清初滿族入關，楊露禪祖師將太極精華奧秘隱忍不宣，秘傳至家師第四代，維持完整；武術內外合一功法，內勁源自身心內在，自主功能運動、內臟組織健康根基。

大自然生命力本然狀態，展現在出生嬰兒身上，骨弱筋柔、生命力旺盛，神情安舒、血氣順暢，少思少識、性情純覺活潑狀態；隨著成長、求生的心性向外活動過程，身心各層面蘊積了意識，在人體中各種功能層面的意識活動，也形成了相互干擾與阻礙，組織微循環阻滯、細胞生生不息本然退化，是人體功能

減弱、病變或老化的原因；生命力本能的受阻，啟動了人體天擇基因，也細胞的退化決定了人的壽命。

本系列著述，以現代生理學常識，解說人體內在修為，介紹了秘傳太極武術內功心法，直接在內臟、自主功能運動，內臟肌群健康的產生太極內勁；在常人運動不到的內臟，自律性的內在運動養成，及於細胞代謝活潑健康，是古來武術內修的學問；經人體身心內外生機原理原則，意識自覺本然內修法門，向神氣導引、血氣活絡，全身細胞代謝活潑介紹了太極內修全程，也即衰退細胞復健、抗老化，或有病變得到改善或向痊癒發展的過程。

作者出生於臺灣，年輕時從事煤炭化工業，專心商務與經貿歐美市場，並曾於內地晉中焦炭商貿，整船運銷日本與回銷臺灣；因緣際會經天中大師兄的拳術啟蒙，幸得師承金山派 上壽子、王延年宗師門下，家師也是楊家秘傳太極拳第四代、旅台掌門，專精於內家拳術聲名遠播歐美。

早年在宗師教誨下深得秘傳內家拳術精華，對內臟運動、吐納導引，內外雙修拳術，與老子「無為」的生命本能修持，熱衷用功、深入內在意識、生性，知解人體健壽門徑，對組織細胞恢復生命本然理路深具心得；人體的生命本能道理古今中外皆然，以現代西方生理、解剖醫學、心理分析學，來綜述這武術秘傳身心運動，與先賢內修的意識虛淨、細胞本然恢復道理；如以人體動靜脈血液循環分佈比率，解說武術

的先天呼吸效應；組織體液擴散、恆定機制本然，知解內在修為、陰陽交互法門；或人體中生命元素、原子健結、分子轉化，蛋白質活性狀態，與細胞膜內外離子化通透等，知解內修生性的胎息時程，讓我們更瞭解這古來的性命雙修武學，自覺內修的衰退細胞恢復本然，是生命自然契機的根本，確認了老祖宗延年益壽、可貴的智慧經驗，也將是現代西方醫學上所沒有、珍貴的新課題。

秘傳——太極長生法門（一、二、三、四）系列，分為：入門、進階、性功運動，與了性了命修程四冊介紹，第一冊「入門」階段，丹田吐納、腹式呼吸進入內臟運動，介紹了秘傳內功根基的基本動作，也是常人內臟運動、健康招式；與周天循環、秘傳基本拳架教學。

第二冊「進階」楊家秘傳太極拳術第一、二段拳法教學，內在主導身肢運動、內家拳術養成，向神氣導引內修學習。

「性功運動」是第三冊，進入氣斂入骨、四海通暢修程，與楊家秘傳太極拳架，第三段前半段拳法教學；也是神氣周天、組織血氣活絡進程。

第四冊的「了性了命修程」，楊家秘傳太極拳架第三段後半段拳法教學，介紹了生命自覺與禪、道靜修接軌，全身血氣活絡向神氣長生狀態發展。

書中許多各種圖片攝影，由林月英同學協助規劃，前段各種內臟運動招式圖片，請林彩惠小姐幫忙

攝影,後段秘傳拳架招式,由姚培和同學協助攝影,
以及陳榮瑞同學DVD錄影、用心製作,謝謝他(她)
們的幫忙與協助,辛苦了!!

　　本系列太極長生法門四冊,以「知其所以然」的
說法,詮釋太極武術內修全程,深及細胞衰退的復
健、抗老化,是常人身心運動、生性健康的讀本,也
是許多失落內功修為的太極拳習者,身心內修的原則
解說;或有不周圓、誤植之處,還請海內外同好、太
極先進指正與海涵。

　　　　趙憲民(字景仁　號天政)
　　　　楊家秘傳太極拳第五代弟子
　　　　道學　金山派第六代天字輩傳人

前　言

　　人的生命力在全身細胞，人體健康、長壽，在於全身細胞功能本然發揮；細胞覺性蘊存了意識，牽制了各種大小器官的功能發揮，筋骨不靈活、組織僵化，如進入組織微血管的小動脈括約肌，受人的意識狀態（states of conscious）影響，微循環不流暢，細胞得不到正常的代謝；人體長年意識陳積，對神經、血液、激素等活動形成阻滯，即古來所指的穴竅經脈不順現象；是意識使功用減弱、細胞衰退，人體老化、或病變不健康的原因。

　　許多太極拳架、武術運動，或西醫推薦的慢跑、游泳運動，或瑜伽、各種體操，都以身體四肢運動為主，在人的使控意識層面作工，對內臟功能只是牽連性運動，內在自主功能運動不足，或運動不到的器官、功能部位，其組織細胞繼續衰退，病變得不到改善，人還是不健康、身體老化進展依然；人體功能要健康、細胞生性要活潑的運動，須身心、細胞全面運動，深入內在自主功能、內臟運動，解除內在意識隱在阻礙，及於全身細胞運動健康，才能有祛病、抗老效益；內在意識漸漸澄淨、神氣活潑，及於組織全面

血氣活絡、全身細胞代謝活潑，經細胞全面健康恢復、抗老化，與生性病變得到改善或根除，是本時段內外雙修運動時程的任務；生性細胞本然活力的恢復，在生命自主功能的內臟器官，全面運動及於組織生性血氣全面活絡，人的生命本能恢復全程，掌握在我們的努力的手中。

緩慢深長的腹式呼吸，即秘傳拳術內功的丹田吐納導引，失傳的「太極內家拳術吐納功法」，與道家的性命雙修，內臟運動向生性內修，解說細胞全面健康的運動養生；習者除了可習得太極武術內功精華，直接內臟健康、強身養性之功效！是現世人體細胞全面運動、健康，與恢復細胞功能活潑、抗老運動的養生方法。

從現代西方生理學來了解，這失傳的吐納功法或腹式呼吸，人體在平靜狀態下血液循環分布，停留在靜脈血管系統中約有60%，在動脈血管中還不到15%；成年人約有5公升血液，每一分鐘循環全身心血管一次，與隨著人體運動量的提升，血液循環則可能增加4～7倍；這是運動健康的生理機轉因子。

秘傳拳術的健康道理，始自拳架學習開始，緩慢的一招一式拳架運動，配合深長的腹式呼吸養成，將大部分留滯腹腔器官靜脈血液，以呼吸壓縮、快速回流心臟，帶動生理學上有名的法蘭克·史達林機轉（Frank－Starling mechanism），在常時的拳架運動量，與常人身體、四肢體操、或較大的運動，血液循

環提升3～4倍相同，因為秘傳拳架的一招一式，氣存
丹田呼吸幫浦，腹腔靜脈血液快速回流心臟，促使心
肺運動與心血管循環全身。

　　秘傳拳架運動，進入緩慢耐力、虛實互換大運動
量，動脈血液提升流量，達到前述生理學上運動家提
升的倍數，並將拳架運動提升的動脈血液流量，全數
由組織微血管承受，微循環全面活絡，細胞代謝活潑
的耗氧狀態，即如在緩慢的太極拳架運動中也會滿身
大汗，是源自身體細胞全面耗氧與代謝，熱能大大的
上升現象；這深長腹式呼吸、大量供氧，與大運動
量、耗氧，是秘傳太極拳術的生理機轉效應所在，直
達人體細胞全面健康門徑；也是各家太極拳門派已經
失傳的內修生機效益。

　　太極內家拳術是本著人體生命本能道理，設計的
身心全面健康運動，中華武術先賢積數千年來的智慧
傳承，經過數千年臨床試驗的真正健康方法，人的身
心道理古今、中外皆然，這古來直接及於細胞健康之
祕的老功夫，是西方人所沒有的祛病、抗衰退秘笈。

　　本書從楊家祕傳太極拳術第三段拳法學習，經拳
架招式運動熟悉、流利之後，熟能生巧的全神進入內
臟全面運動、健康，以自主神經主導全身運動進階，
向腦性統合、神氣擴遍全身發展，深入細胞、生性的
全面運動，再向了性了命進展，直達神拳最高境界；
內在運動、身心全面健康，是本書各章節的介紹內
涵。

　　人體自律功能運動、細胞生性內修，關係內外意識、覺性互動惟微，解說不易、沒有共同語言，外在比喻說明內修，需要習者同步領悟、體會，確實做好內修要領提示，自我努力向內修持；內在功能領域摸索不易，若有經驗的老師能及時提醒，當可收到事半功倍之效；也需要同好、武術先進共襄求精，不足之處也請指教，老子說：「聖人不積，以為人己愈有，以與人己愈多。」現在醫學上，還沒有的直接及於人體細胞健康的運動，需要內修有得者、知者相傳，普及社會大眾、惠及全人類幸福。

目　錄

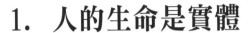

1. 人的生命是實體

　　源著人體生命本然,設計的太極健康運動,**人的身心健康,在全身細胞功能的發揮,身體細胞是我們的生命,**體內每一個細胞都是生命的基本單位,我們的生命是實體,「生命」不是虛無間的名詞;**人體生命本能,是身心健康的根本,身體不健康是生命本能受阻礙,這個題目又偏向另一主題;運動不及於細胞就不健康,**即生理學上說的:

　　「身體器官功能系統的集體活性功用,在維持體液的內在環境恆定,共同創造適合每一個細胞存活,與發揮細胞功能的內在環境條件。」

　　人是多細胞生命體,人體內在環境的條件不良化,使細胞衰退、人體老化,細胞退化的恢復,是性命修程主題,本節安排了與生命細胞有關的解說;每日內修菜單是內勁提升根本,本修程是「全身意在神」,做為下一節的主題,讓習者開始每日內修;再進入第三段拳架學習。

1－1　自然生命

　　大自然間生物有三種生命體型態,最微小的「病毒」生物體,僅有蛋白質外殼包裹;及較大的「細菌」是有原核的單一細胞生物體;與細胞體之中有細胞核、許多小構

造的「真核細胞」。人類與許多其他動、植物，皆屬「真核細胞」的多細胞體生物。

自然中億萬種細胞體生物，單細胞生物體、或多細胞生物體的細胞，都具備維持自身完整生存、與其最低需求的活性功能；像微生物直接從生活周遭外在環境的液態、空氣或固體中獲得氧及養分，產生的二氧化碳或代謝物也同樣的排進其生活周遭中。

多細胞體生物的人類，細胞存活在人體內在體液環境裡，細胞存活在組織間液、血漿之中，由消化及呼吸系統從身體外界，將氧與營養分子攝入，經循環系統帶到全身組織的體液中，供體內所有細胞使用，並將細胞排放的二氧化碳與代謝物分子，再經循環系統排出體外。

生物學家的研究，人體細胞在組織間液中的生態活動，與其他微生物向生存的自然環境，進行物質交換、取得有機物能量，或合成複雜分子、複製細胞的生態非常接近；實際上，人體中許多細胞都可以取出體外，存活於試官之中，或如試管嬰兒的生命組合。

1-2　人體的生命活動

大家都知道自己的生命傳承自父母，較少人認知生命是實體的概念；現代的生理學常識對人的生成，細胞組合或功用已有完整的記載，雙親各半基因結合的精卵細胞，這單一細胞體是每個人生命開始的全部。

單一細胞生命體，經卵裂、細胞分化、著胎，形成多

功能細胞組合的人體；整個人體形成過程，都是細胞經一分為二、二分為四，而八而十六的分裂與特化的類推；這細胞分裂、特化的複製途徑是唯一發生的過程，沒有憑空新生成細胞的過程；亦即人體傳承自父母的細胞分株，人的生命是延承自人類先祖的細胞代代分株傳承，也將這樣延傳給我們子孫後代；代代延傳、「永生的生命」。

　　生命源之於自然，大自然中物質的原子或原子組合的各種分子中，其運行於原子核週邊軌道上的電子變動鍵結，形成分子重組的化學變化；這自然中原子與分子的理化轉變，重組新分子的現象，同樣展現在人體中的生命體系。

　　目前自然界已發現的一百多種原子、化學元素，生理學家已確定存在人體中的24種生命元素；其中主要的氫、氧、碳、氮四種元素，占了人體總原子數的99%；七種礦物質元素是細胞外液，與細胞內液之中最主要的溶質，其中鈣和磷兩種，是骨骼組織的固態基質；還有13種微量元素，在體內的含量非常稀少，像鐵質，對血液運送氧分子是關鍵功能角色，許多微量分子對人體成長，與生理機轉功能是不可或缺的要角。

　　人體細胞構成自原子與分子，其週邊軌道電子的得失、組合，形成的化學變化也是細胞活性功能的現象；人體中化學物質與結構，在體內扮演重要角色，如體內的原子、與原子組合的各種分子，其運行於原子核週邊軌道上的電子變動，是物質進出細胞膜的生命活動關鍵；生理學者從自然中單一分子與人體細胞通透功用的研究，如某形

狀蛋白質、或納離子，如何使細胞膜產生鈉分子通道，使鈉進出細胞、或人體含鈉量的調節等，這細胞在體液中物質離子化通透的正負電性活動，是生命本然的新陳代謝作用；其與身體之外、自然中電子的鍵連互動變化，像皮膚細胞與體外自然中各種元素、分子的負離子活動是自然生命現象；這些內外組織細胞通透的理化變動，也是古文化的陰陽變易或磁場之類的說法。

　　自然中物質的固態、液態、氣態，其中分子都處在不斷的活動狀態；也會隨著溫度升高，分子運動速率也跟著加快。

　　人體內在環境的體液中，各種分子的快速移動，相互碰撞、與彈開就像皮球的彈跳，在每秒間幾百萬次的分子碰撞發生，是自然分子沒有方向的隨機運動現象；許多分子的熱運動與分子質量相關，比如在正常體溫中，分子量比水分子十倍重的葡萄糖，其移動速率就比水分子的移動慢速得多；組合人體的大量分子在體內的運動，這身心中各種大小分子運動的組合，是人體中的生命活動狀態。

　　液體或氣體之中分子隨機的熱運動，是身體組織的體液濃度均勻活動現象，在某區域有較高濃度的溶質時，經分子隨機熱運動，自高濃度溶質區域，往低濃度區散佈出去，直到溶質達到均勻分佈的擴散作用；這濃度的擴散作用與人體中許多功能活動過程關係密切，如身體組織中微循環與體液間的血氣活動。

　　又如，人的體重中60%是水分子，水分是人體中最常見的溶劑，體內100個分子中有99個是水分子，在體液或

細胞內液中大多數化學反應是溶於水的溶質參與；H_2O水分子的氧帶些許負電在中間，兩邊各鍵結一個帶些許正電的氫組合而成；帶正電區域的氫原子另一端，會以氫鍵和另一個水分子中帶微負電的氧原子相吸引的本然現象。身體常溫狀態時，體內水分子之間微弱的氫鍵會不斷的形成鍵結又斷裂，所以維持體內水分子的液態現狀；但當人在運動時，體溫升高氫鍵更易斷裂自然出汗，有如燒開水，溫度上升到氫鍵大量斷裂，水分子變成汽態蒸發；相反的，隨著溫度下降時氫鍵不易斷裂，越來越多的水分子緊密聚結在一起，直到0度C時，水便結成冰了。

1-3　生物規律

　　大宇之中，自然孕育了萬物，若干億萬年來生物體的進化外，自然環境變動與物種存活競賽的物競天擇，都是自然間的世代優生，與淘汰演進；自然間優生存活的生物，除個體本然具備旺盛的求生能力外，還須有族群組織生態優勢，是各存活物種的延生、個體生命力本然的現象。

　　以自然生命力強健的生物個體來講，可以想像到古代恐龍的生態，各種恐龍生命力之強勢冠蓋萬物，為何會導致恐龍族群的滅亡？也可以想像若某強勢物種的個體，在地球空間中一直往生存能力的方向發展，繁殖到某一密度時，受限於環境、生存條件的下降，物種的全體可能都存活不下去了。

地球村生存空間的生物個體，除了發展求生能力之外，族群間，也須有重要的自我制約，來爭取物種生命延續與生態平衡；從長期間形成的進化現象，已構成了生物個體壽命週期慣性，深植在各物種社會生態，及個體中隱在，壽限基因意識，延傳成生物的生命壽限法則，如以傳宗接代方式維持物種延續的規律，讓個體死亡自我制約的物種，現在仍然生存在僅有空間、資源的地球上。

人類是自然生物之一，生命是先祖身體細胞的分裂、特化之延傳，人體細胞中延傳了人類始祖基因，也蘊存了人類代代先祖，物競天擇經歷意識傳承，我們的身體中延傳了先祖，社性生態經驗與制約，這先天群性的壽限基因是隱性，隱在人體細胞核的基因池中，隨著人體細胞功能的衰退而啟動，所以生理學者以生命時鐘名之；身體細胞功能減弱或衰退，引動了壽限先天意識，或外因病變產生與人體老化進展，啟動了人體壽限時鐘。

如何使全身細胞功能衰退得到恢復，退化細胞功能復健，是祛病、健康與生命時鐘不啟動所在；細胞功用在自律性功能領域、包括內臟器官組織範圍，及於全身組織細胞健康、內修，是運動、養生者須先理解的知識。

2. 全身意在神

　　入門的「以心行氣」腹式呼吸，引動神氣周天養成，進階的「以氣運身」，任督二脈神氣周天循環活絡，不理丹田吐納，腹部的緩慢深長呼吸依然；到現在的「全身意在神」，常時或運動中，任督二脈的周天，讓其本然的循環周天，把內在意、覺，在神經系整合，回歸統合的腦神主導運動，即腦組織自覺，主導全身運動，是本學程每日內修菜單主題。

　　單一細胞生命體，分化成200多種不同功能細胞，組構了人體各器官組織，包括神經系統各種神經細胞，腦組織、腦細胞；生命在全身細胞、展現覺性活力。歸依在全身細胞自覺的「不在氣，在氣則滯」，是下一學程「生命自覺」內修主題；這生命自覺靜坐內修進展，人的覺性純真即是佛性，也是老子的德性。

　　在各種基本動作運動中，任督二脈的神氣循環自如，並能感知到另一股相對活動神氣隱在，如何使相對神氣活動，在各種基本動作運動中，對拉增進丹田呼吸量，擴大全身鬆縮、提升血液循環效果，在「全身意在神」修習，剛剛開始如半坐勢：（圖1、圖2）

圖1　　　　　　→　　　　　　圖2

　　吐氣下坐的時候，神氣進湧泉，經雙腿與腰部、丹田內勁結合，然後沿著督脈上升，出泥丸的同時，去感覺到從上身向下反作用力，如經丹田、向腰腿下腳掌出湧泉，雙腳著地更穩固；反作用力漸漸的明顯，使上下兩氣對拉狀態，丹田內勁加壓呼出更多空氣；反向力勁出湧泉，丹田緊縮更深，也呼出更多空氣，也是意在神的練氣方法，提升海底穴、水谷之海熱能；這是第一段落。上下神氣對拉丹田內勁養成所在，習者體會、領悟之。

第二時段，以半坐起直納氣為例：

　　吸氣起直的時候，丹田緊縮，神氣沿督脈上升出泥丸同時，反作用力經丹田、腰腿、腳掌出湧泉，站立腳掌更穩固；丹田內縮呼出更多空氣，與神氣向上的虛領頂勁，神氣上下對拉、內勁充沛，有「頂天立地」的感覺。（圖3、圖4）

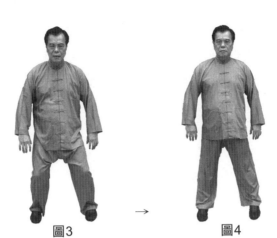

圖3　　　→　　　圖4

第三階段練習：向前彎腰

呼氣彎腰到底時（圖5），兩眼向後平視，海底穴附近肌群緊縮，呼出更多空氣，此時，去感知湧泉、百會兩穴出氣，上下對拉、筋絡更鬆放。

圖5

　　吸氣──彎腰起直後（圖6），兩眼向前平視，神氣上下對拉的同時，丹田更鬆放的吸進更多空氣，小腹微循環活絡；全身筋絡鬆開，有長高的感覺，也是及於內臟器官功能拉長活動；細部內修是此時每日內修菜單的主題。這些每日內修進階內含，在週邊表裡意識活動，漸漸歸在神經中樞主導；學習第三段之後，進入氣斂入骨修程；再將每日內修菜單如下：

圖6

星期一：內臟全面運動日

向前、向左、向右彎腰半坐勢
抱虎歸山勢

　　(1).內臟運動練習式的向前、向左、向右彎腰半坐勢各做三次；向左轉身彎腰、轉正半坐勢，向右轉身彎腰、轉正半坐勢的循環做三次；接(2.)項。

　　(2).內臟全面運動式的抱虎歸山勢做九次；接(3.)項。

(3).左右打腰式：各50次如下：

(4).向前彎腰式：退左腿、退右腿，向前彎腰各27次。

(5).收勢：兩腳微彎、呼出一口氣。原地踏步：大腿前提90度，兩手向前、向後擺動180度，自然呼吸、踏步30次做收勢。

星期二：身心運動日

向前、向左右彎腰半坐勢
彎腰扳腿、蹬腳式

(1).內臟運動練習式：向前彎腰、半坐勢做三次；向左彎腰半坐勢、向右彎腰半坐勢循環做三次，如前。

(2).身心運動養成式的彎腰扳腿、蹬腳式 九次以上；

(3).左右打腰式 各50次，如前。

(4).頭部後仰、向後彎腰式，退左右腿、各做27次。

(5).收勢：兩腳原地踏步、大腿前提90度，兩手一同向前向後上擺180度的踏步30次做收勢。

星期三：心肺功能運動日

向前、向左右彎腰半坐勢
向前、向左右單腿站樁式

(1).內臟運動練習式：向前彎腰、半坐勢各做三次，

向左半坐勢、向右彎腰半坐勢循環做三次，如前。

(2).心肺功能促進式的前向左、右單腿站樁式，向左、向右單腿站樁式，兩側離地單腿站樁式，每一個方向、姿勢各站樁三分鐘以上。

(3).左右打腰式：左右各50次，如前。

(4).單腿跪化式，向左、向右各18次如下：

(5).收勢：兩腳原地踏步、大腿前提90度，兩手一同向前向後上擺180度的踏步30次做收勢。

星期四：內臟全面運動日

向前、向左右彎腰半坐勢
抱虎歸山勢

(1). 內臟運動練習式：向前彎腰半坐勢各做三次，向左彎腰半坐勢、向右彎腰半坐勢循環各做三次，如前。

(2). 內臟全面運動式：抱虎歸山勢九下，如前。

(3).左右打腰式：各50次，如前。

(4).縮腹向前、彎腰式：左右各27次，如前。

(5).收勢：如前。

星期五：身心運動日

向前、向左右彎腰半坐勢
彎腰扳腿、蹬腳勢

(1).內臟運動練習式：向前彎腰、半坐勢各三次，向

左彎腰半坐勢、向右彎腰半坐勢循環做三次，如前。

(2).身心運動養成式：彎腰扳腿、蹬腳勢九次以上，如前。

(3).左右打腰式：各50次，如前。

(4).頭部向後、彎腰式：左右各27次，如前。

(5).收勢：兩腳原地踏步、大腿前提90度，兩手一同向前向後上擺180度的踏步30次做收勢。

星期六：健腸壯胃日

向前、向左右彎腰半坐勢
下勢三式

(1).內臟運動練習式 向前、向左、向右彎腰半坐勢各做三次，如前。

(2).健腸壯胃式：收尾閭下勢三式，每式左右各做三次以上。

(3).左右打腰式50次，如前。

(4).單腿跪化式：左右各18次，如前。

(5).收勢：兩腳原地踏步、大腿前提90度，兩手一同向前向後上擺180度的踏步30次做收勢。

師父 上壽子（中）與 陳德誠師兄（左）、作者
合照於圓山總教練場

3. 秘傳第三段前半段 （63-96）拳架學習

3－1 楊家秘傳第三段前半段（63-96）拳譜

（依家師親授拳招順序）：

(63). 左、右跨虎登山式：

左跨虎登山式（09）；右跨虎登山式（10½）。

(64). 左轉身三掌、右掤手、攬雀尾、如封似閉：

左後轉身三掌（4½），右轉身右掤手（7½），攬雀尾、如封似閉、右後迴身掌。

(65). 左轉身三掌（1½）、攬雀尾、如封似閉。

(66). 右轉身採手（7½）。

(67). 左斜單鞭（1½）。

(68). 右、左野馬分鬃（3、4½）、（1½、3）。

(69). 右迴身掌（3）。

(70). 左轉身掤手、攬雀尾、如封似閉：

左轉後方（09）、掤手；

攬雀尾、如封似閉。

(71). 左迴身掌。

(72). 右轉身掤手（1½）、攬雀尾、如封似閉：

右轉身掤手；

攬雀尾、如封似閉。

(73).左後轉身、右斜單鞭（7½）。

(74).玉女穿梭：

右玉女穿梭（1½）、（4½）；

左玉女穿梭（10½）、（7½）、（10½）、
（4½）。

(75).右左掤手、攬雀尾、如封似閉：

右掤手（4½）、攬雀尾、如封似閉；

左掤手（1½）、攬雀尾、如封似閉。

(76).右上步採手（03）。

(77).左單鞭（09）。

(78).第二趟雲手（12）（03）、（12）（09）。

(79).左單鞭、下勢（09）、（12）。

(80).進步、退步金雞獨立（09）：

進步金雞獨立；

退步金雞獨立。

(81).左蹬腿、左、右倒攆猴：

左蹬腿；

左倒攆猴；右倒攆猴。

左倒攆猴；右倒攆猴。

(82).右左採手、分掌：

右採手（10½）、右分掌；

左採手（7½）、左分掌。

(83).左單通臂（1½）、（7½）。

(84).左肘靠、右採肘靠：

左肘靠（7½）；

右採手（10½）、右肘靠。

(85).左進步撲心掌（09）。

(86).退步右白鶴亮翅。

(87).右摟膝拗步。

(88).左挑簾式。

(89).左海底針。

(90).左青龍出水。

(91).左轉身撇身腿（09）、（06）、（03）。

(92).左肘底錘（4½）。

(93).左蹬腿、回身高探馬：

左蹬腿；

回身左探馬（10½）。

(94).右左掤手、攬雀尾、如封似閉：

右掤手（4½）、攬雀尾、如封似閉；

左掤手（1½）、攬雀尾、如封似閉。

(95).右上步採手（03）。

(96).左單鞭（09）。

3－2　三段 前半段（63-96）拳法解說

　　古來太極拳術的拳招架式運動方向，均以八卦、五行方位表示拳架動向，下面拳招方向如前段教學，均以時鐘方位解說拳架、招式運動方向，大家熟悉、習者從容自在，提升內向意識自覺效應，更能深入內臟直接運動，及

於組織鬆放血氣循環活絡；四個正方即面對時針的12點、6點、3點、9點鐘方向，以（12）、（06）、（03）、（09）註明之，四個斜角方位的一點半鐘、七點半鐘、四點半鐘、十點半鐘方向，則以（1½）、（7½）、（4½）、（10½）表示之，每個人很容易進入拳架運動方向、方便學習：

(1). 預備式、起勢：

預備式：

Ⅰ. 兩眼平視、上身中正，腳尖併攏，面向12點鐘方向站立。（圖7）

圖7

圖8

先呼出一口氣 ─
Ⅱ. 開始、兩腿微坐：（圖8）

吸氣—

Ⅲ. 上身不動，提起左
腳跟、向左橫跨一步與肩同
寬，腳尖先著地然後落實腳
跟、站立：（圖9）

圖9

呼氣—

Ⅳ. 腰胯兩腿向下半坐，
兩手掌心轉向後方，雙膝微
彎、膝蓋不超出腳尖：（圖
10）

圖10

起式：

吸氣—

Ⅰ. 腰身、雙腿慢慢起
直，同時兩手向前平提、
肩高，掌心向下與肩同寬：
（圖11）

圖11

呼氣—

Ⅱ.上身、雙腿再向下微坐，鬆腰鬆跨同時，兩臂微彎、沉肩垂肘，與上身含胸拔背：（圖12）

（若承接第二段繼續運動，前面預備式、起式省略）

圖12

(63). 左、右跨虎登山式：

左跨虎登山式：
吸氣—

Ⅰ.上身原勢、重心右移坐實右腿，輕提左腿跟隨腰身左轉90度（09），同時雙手互動，右手上揚、掌心向上護於頭部上方，左手隨腰身轉左側，掌心翻向右方、置於顏面前方：（圖13）

圖13

Ⅱ. 然後，隨腰身下坐右腿，左掌朝前方下採（如圖14）、採勢向腰平，與左腿前踏半步、腳跟著地（如圖15）：

圖14

圖15

呼氣—

Ⅲ. 隨著右後腿瞪直，勁根直覺貫腰脊、與腰身趨前，左腳尖落地、腳跟輕提，同時腰平左手隨腰勢向前上方推出：（圖16）

圖16

吸氣──

Ⅳ. 重心半坐右後腿，左腿腳尖翹起、左轉45度，同時左手下採（如圖17）；右手掌翻轉向下（如圖18），沿頭部下移、護於後腦：

圖17

圖18

Ⅴ. 腰胯前移左前腿、坐實重心，與腰身前移同時，右手自腦後向下移護，沿頸部下移胸前、掌心向前，左手上提護於頭部、掌心向上；與輕提右後腳跟：（圖19）

圖19

呼氣—

Ⅵ. 左腿、腰脊直覺上
貫手臂，右掌乘勢向前方推
出，右後腳尖同時收至左腳
內側：（圖20）

圖20

右跨虎登山式：

吸氣—

Ⅰ. 隨著左腿站直，提起右腳與腰身右轉45度
（10½）；右大腿平提、腳尖朝下（如圖21）。與腰胯下
坐，右腿向前踏出、腿跟著地（如圖22），與右手下採、
趨向腰平：

圖21

圖22

呼氣──

Ⅱ. 左後腿蹬直起勁、
自覺貫聯腰脊，與左前腿腳
掌著地、腳跟輕提同時，腰
脊直覺貫向右臂，右掌原勢
向前上推出、與肩平：（圖
23）

圖23

吸氣──

Ⅲ. 腰身左向轉動後移、
向左腿半坐，收回右手、掌心
翻轉向下與隨身轉動，同時右
腳尖翹起、腳掌左向內勾，與
左手掌心也翻轉向下，沿頭部
後腦移護向下、至左肩前：
（圖24）

圖24

Ⅳ. 身體重心前移右腿、
半坐，左手下移左胸前側、
掌心向前；同時右手上提移
護於頭頂、掌心向上：（圖
25）

圖25

呼氣—

Ⅴ. 右前腿蹬直、內勁直
覺貫串腰脊雙臂，左腳尖收
進右腳內側著地，左臂直覺
貫串、掌心向右側前方同步
推出：（圖26）

圖26

(64).左轉身三掌、右掤手、攬雀尾、如封似閉：

左後轉身三掌：

吸氣—

Ⅰ. 右腿微微下坐同時，腰身趨轉左後方（4½），左
掌隨身轉動收於右肩前側，右掌虎口沿左前臂外側下移、
趨向左肘移護：（圖27）

圖27

Ⅱ.右腿繼續下坐，左掌隨腰身轉動向四點半、掌心向臉部，右掌下移、護於左肘下側：（圖28）

圖28

呼氣──

Ⅲ.左腿前踏半步、腳跟著地，同時左手掌心翻轉向前、右掌護左肘下；然後右後腿蹬直起勁，左前腳掌落地、輕提腳跟，左掌順勢按出與肩平：（圖29）

圖29

吸氣──

Ⅳ.右後腿半坐，腰跨右向半轉、右手隨腰胯下移向右後方平伸與肋平，雙眼隨右手轉向後方、平視右掌心：（圖30）

圖30

Ⅴ. 腰胯向左前方迴轉同時，身體重心趨向左前腿移動，右手上揚於右耳側、掌心向下，左手掌心翻轉向上，兩眼向前平視：（圖31）

圖31

呼氣—

Ⅵ. 重心前移左腿坐實同時，右後腿腳尖收至左腿跟後著地，右手經左掌上方向前按出第二掌，左掌護於左肘下方：（圖32）

圖32

吸氣—

Ⅶ. 右腳跟落地、坐實身體，左腳跟輕提、虛放同時，腰胯左向轉動與左手隨腰胯下移，向左後方平伸與肋平，眼神隨左手轉向、後視掌心：（圖33）

圖33

Ⅷ. 腰跨右向轉正，左手上揚於左耳側、掌心向下，同時左腿前踏半步、腳跟著地，右手掌心翻轉向上，兩眼向前平視：（圖34）

圖34

呼氣──

Ⅸ. 左前腳尖著地、輕提腳跟同時，右後腿蹬直起勁，直覺貫腰脊、雙臂，左掌經右掌上方向前按出第三掌，右掌護於左肘下方：（圖35）

圖35

右後轉身、右掤手：
吸氣──

Ⅰ. 重心前移左腿、坐實，右腳跟輕提、與雙手下放：（圖36）

圖36

Ⅱ.提起右腿、隨腰身轉向右後方（7½），同時右手上提、掌心向內半抱，左手指尖貼護於右腕：（圖37）

圖37

呼氣——

Ⅲ.下坐左後腿同時，右腳向前踏出一步、腳跟著地；然後，左後腿起勁、直覺貫腰脊，與放下右腳尖、輕提腳跟，同時右手隨身勢向前順勢掤出與腋平：（圖38）

圖38

右攬雀尾：

吸氣——

Ⅰ.半坐左後腿，右前腿腳跟隨腰胯右轉同時，左手下旋向左側、掌心向上，右手向右側上提同肩高、掌心向下：（圖39）

圖39

II. 左腿繼下坐、腰跨續右轉，右手沿右側下旋至右腿側、掌心向上，同時左手上旋於左側上方，掌心向下與左肩平：（圖40）

圖40

圖41

III. 左手原勢隨腰身左轉，右掌上移腹前，雙掌心相對、合抱於左側：（圖41）

IV. 身手隨腰跨向右轉正（7½）、坐實後腿，雙掌會合移近胸前，右手臂半抱狀、掌心向內，左掌心向下、朝前護於右腕上方：（圖42）

圖42

呼氣—

V. 左後腿勁根起、直覺貫串腰脊，左手貼於右腕順勢向前擠出與腋平。（圖43）

圖43

圖44

右如封似閉：

吸氣—

I. 右掌心前翻向上方，坐實左後腿，雙手肘趨內收合：（圖44）

II. 左腿半坐、雙掌收至胸前，然後，身體重心前移右腿，右掌心翻向下方收入左腕下：（圖45）

圖45

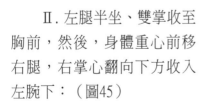

呼氣—

Ⅲ. 左後腳尖收至右腳掌
側同時，右腿起勁、左掌順
勢向前方推出：（圖46）

圖46

吸氣—

Ⅳ. 重心移左腿、坐實，與右腿轉虛、輕提腳跟，同
時左掌經右側內收（如圖47）；雙手掌互動收至腋前，雙
手掌心向前同胸寬，與右腿前進半步、腳跟著地（如圖
48）：

圖47

圖48

呼氣—

Ⅴ. 放下右前腳掌、輕提腳跟,與左後腿起直、勁根貫腰脊,雙手順勢向前按出:(圖49)

圖49

圖50

迴身掌:

吸氣—

Ⅰ. 半坐左後腿,翹起右腳尖,隨腰身、雙手原勢同步轉向左後側方:(圖50)

Ⅱ. 放下右腳掌、重心右移,然後半坐右腿與腰胯向右側方回轉,同時兩手隨腰身轉向,右掌向上移動,左掌平移於右胸前:(圖51)

圖51

呼氣──

Ⅲ. 右腿蹬直起勁直覺貫
腰脊、雙臂，左腳尖收至右
腳內側，同時右手上揚、掌
心向前護於頭頂，左手順勢
向右側後方推出：（圖52）

圖52

(65). 左轉身三掌、攬雀尾、如封似閉

左轉身三掌：

吸氣──

Ⅰ. 右腿微坐、腰身趨向左後方轉動，左掌心翻轉向
上、置於右肩前，右掌虎口沿左前臂下移（如圖53），右
腿繼續下坐、腰身轉向左後方（1½），雙手互動、右掌
移護左肘下方（如圖54）：

圖53

圖54

Ⅱ.左掌心轉向前方，右掌心轉向上護左肘（如圖55）；然後左腿前進半步、腳跟著地；

圖55

呼氣—

圖56

Ⅲ.放下左前腳掌、輕提腳跟，右後腿蹬直起勁，左手掌順勢向前按出、與肩平；向上掌心右手依然護於左肘下方：（圖56）

吸氣—

Ⅳ.右後腿半坐、腰胯右向半轉，隨腰胯轉動、右手下移向後平伸與肋平，眼神隨右手轉向後視右掌心：（圖57）

圖57

V. 腰胯向左迴轉同時，右手上揚於右耳側、掌心向下，左手掌心翻轉向上方，兩眼向前方平視：（圖58）

圖58

圖59

呼氣──

VI. 重心前移左腿坐實，右腿腳尖收至左腳掌內側，同時右手經左掌上方，向前按出第二掌；與左掌護於左肘下方：（圖59）

吸氣──

VII. 放下右腳跟、坐實身體重心，輕提左腳跟同時，腰胯左向轉動、左手下移向後方平伸與肋平，眼神隨左掌向後轉動、平視左掌心：（圖60）

圖60

Ⅷ. 腰跨右向轉正同時，左手上揚於左耳側、掌心向下，右手掌心翻轉向上（如圖61）；然後，左腿前踏半步、腳跟著地（如圖62）：

圖61

圖62

呼氣—

Ⅸ. 右後腿蹬直起勁，與放下左前腳尖、輕提腳跟，同時左手經右掌上方，向前按出第三掌，右掌護於左肘下方：（圖63）

圖63

左攬雀尾：

吸氣──

Ⅰ. 坐實右後腿，虛放
左前腳尖，腰跨左轉同時，
右手下旋於右下側、掌心向
上，左手向左側上方微移、
掌心向下：（圖64）

圖64

圖65

Ⅱ. 右腿繼續下坐、腰跨
續向左轉，同時左手沿左側
下旋於左腿側、掌心向上，
與右手向右上方旋至肩平、
掌心向下：（圖65）

Ⅲ. 隨腰身向右側轉動，
右手微收、左掌上移腹前，
雙掌相對、合抱於右側前
方：（圖66）

圖66

Ⅳ. 腰胯再向左轉正，重心坐實右後腿，雙手移近身前，左臂上移半抱、掌心內向，右掌心朝前、護於左腕上方：（圖67）

圖67

呼氣—

Ⅴ. 右後腿勁根起、直覺貫串腰脊雙臂，右手貼於左腕順勢向前擠出、與腋平。（圖68）

圖68

左如封似閉：

吸氣─

Ⅰ. 左掌心前翻向上方（如圖69），雙手肘向內收合，右後腿半坐（如圖70）：

圖69

圖70

Ⅱ. 身體重心前移左前腿同時，左掌心翻向下方收入右掌腕下：（圖71）

圖71

呼氣—

Ⅲ. 左腿起勁、直覺貫串腰脊，與右腳尖收至左腿側，隨身勢向前同時，右掌順勢向前方推出：（圖72）

圖72

圖73

吸氣—

Ⅳ. 身體重心移右腿，左前腿轉虛、輕提腳跟，腰胯、雙腿半坐同時，右掌左移、收回左胸前：（圖73）

Ⅴ. 左掌外移、收回左胸前，雙掌互動掌心向前、於腋前同胸寬，然後，左腳向前進半步、腳跟著地：（圖74）

圖74

呼氣─

Ⅵ. 右後腿起直、勁根
起，同時左前腳掌落地再
輕提腳跟，腰脊直覺貫串雙
臂、乘勢向前按出：（圖
75）

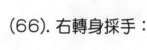

圖75

(66). 右轉身採手：

吸氣─

Ⅰ. 上身原勢不變、坐
實右後腿，左腳尖翹起、隨
腰身向右後方（7½）轉動：
（圖76）

圖76

呼氣─

Ⅱ. 腰身向右後轉180度
（7½）；身體重心左移、左
腿向下微坐，與輕提右腿腳
跟，右手下放於右腿側、左
手掌心轉向右方：（圖77）

圖77

吸氣—

Ⅲ. 左腿站直，與右手、右腿提起，右手掌心向左與胸平，左手下移於右手與右大腿間（如圖78）；然後腰胯、左腿向下半坐，右腿前踏一步、腳跟著地，與右手向下採動（如圖79）：

圖78

圖79

呼氣—

Ⅳ. 左腿蹬直、起勁，放下右前腳尖、輕提腳跟，同時腰勁直覺貫注脊、臂，右掌繼續下採與腰平、再向前推。（圖80）

圖80

(67). 左斜單鞭：

吸氣─

Ⅰ. 左後腿半坐、落實重心，放下右前腳跟，右前臂上提、掌心轉向臉部（如圖81）；然後翹起右腳尖隨腰身左轉（06），右腳掌尖朝內勾落同時，右前臂隨腰身轉動、劃出一半圓狀，轉至右臉側前、掌心與顏面相對；左手掌心隨護右肘側（如圖82）：

圖81　　　　　　　　圖82

Ⅱ. 右手五指尖抓合成梅花爪，朝臉前向下勾落至胸前，同時左掌沿右前臂移護於右掌背、兩前臂與肩平：（圖83）

Ⅲ. 重心落實在左腿，右腳掌不動變，上身原勢隨腰跨右轉（7½）：（圖84）

圖83　　　　　　　　圖84

Ⅳ. 腰胯、左腿半坐同時，雙手肘向下收合、沉肩垂肘，左掌指尖附於右抓勾手腕背：（圖85）

圖85

圖86

呼氣—

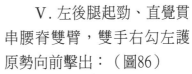
Ⅴ. 左後腿起勁、直覺貫串腰脊雙臂，雙手右勾左護原勢向前擊出：（圖86）

Ⅵ. 重心前移右腿、直覺上貫，雙臂微收，與左腿跟起、腳尖收至右腳內側同時，兩手原勢不變再次擊出。（圖87）

圖87

吸氣─

Ⅶ. 右手、掌指抓勾不變，腰跨向左後方（1½）轉動，同時左手沿右臂內側平移經胸前，隨腰胯下坐右後腿，左手前臂向左側上提：（圖88）

圖88

然後：

Ⅷ. 右腿、腰胯繼續下坐，同時，左掌向左前方下採，趨向腰平切落：（圖89）

圖89

呼氣—

Ⅸ. 左腿前移半步，右腿
起勁蹬起同時，隨腰身貫串
前移，左手順勢向前按出與
肩平：（圖90）

圖90

(68). 右、左、右野馬分鬃

右野馬分鬃：

吸氣—

Ⅰ. 微坐右腿、腰胯左向微轉（03），與左腳尖收至
右腳前側著地，左手下放、掌心轉上微托於左大腿上方；
鬆開右手梅花爪、下收於右腿外側：（圖91）

圖91

呼氣──

Ⅱ. 右腿繼續下坐與輕提左腿、腳尖下垂；然後，右腿站直、起勁，勁根、腰胯整合與直覺貫脊臂，左掌上托與目平同時，左腳掌朝外橫勢蹬出；右掌移護左肘下側：（圖92）

圖92

圖93

Ⅲ. 下坐右腿，左腳掌原勢、橫前踏下，左掌心翻轉下按：（圖93）

吸氣──

Ⅳ. 腰身前移左腿、坐實重心，右後腿轉虛、輕提腳跟，左手繼續下按，掌心向上右手移護於左肘上方：（圖94）

圖94

Ⅴ. 左腿微伸，右腿提收、腳掌置於左小腿側，雙手原勢隨身互動：（圖95）

圖95

圖96

Ⅵ. 左腿微坐，右腿向右前方（4½）踏出一步、腳跟著地：（圖96）

呼氣—

Ⅶ. 放下右前腳掌、輕提腳跟同時，左後腳蹬直、勁根上貫腰胯，腰脊整勁直覺傳手臂，右掌、上身向右側前方橫擊出：（圖97）

圖97

吸氣—

VIII. 右掌、上身經右側，仰旋向後方、與下坐左腿同時，右掌經右臉側、掌心轉向前，左掌心隨轉向上、移護於右肘下方：（圖98）

圖98

呼氣—

IX. 後仰腰身、右掌趨前，隨腰胯、重心前移左腿同時，右掌按落於小腹前，左掌上托於胸前：（圖99）

圖99

左野馬分鬃：

吸氣—

I. 全身落實右前腿、站直，左腳前收、與上提：（圖100）

圖100

Ⅱ. 然後微坐右腿，左腿向左側前方（1½）踏出一步、腳跟著地：（圖101）

圖101

呼氣—

Ⅲ. 放下左前腳掌、輕提腳跟，右後腳掌勁根上貫腰胯，腰脊整勁直覺傳手臂，左手順勢向左側前方橫擊出：（圖102）

圖102

吸氣—

Ⅳ. 左掌、上身經左側轉動，仰旋向後方，與下坐右腿同時，左掌經左臉側、掌心轉向前，右手隨身轉互動上移、掌心轉向左方：（圖103）

圖103

呼氣──

Ⅴ. 後仰上身向前移正，右掌心轉向上方，左掌心向前、趨向下按（如圖104），左掌繼續按落，右掌趨向左肘上方移護。（如圖105）

圖104

圖105

右野馬分鬃：

吸氣──

Ⅰ. 重心落實左前腿、站直，左腳前收、上提，右掌護於左肘上方：（圖106）

圖106

Ⅱ. 左腿向下半坐，右腿向右側前方（4½）踏出一步、腳跟著地：（圖107）

圖107

呼氣—

Ⅲ. 然後左後腳勁根上貫腰胯，腰脊整勁直覺上傳手臂，右掌、上身向右側前方橫擊出，左手掌心向下、護於右肘下：（圖108）

圖108

(69). 右迴身掌：

吸氣—

Ⅰ.右掌、上身隨腰胯旋轉後仰，腰身落實左後腿，即右手掌心沿右側劃半圓，回收於右臉側、掌心向前，同時右前腳尖翹起：（圖109）

圖109

圖110

Ⅱ.隨腰胯左轉、右前腳尖內勾、放下腳掌，與身體前移、重心落實左腿，右後腿轉虛，右手上托額前、移護：（圖110）

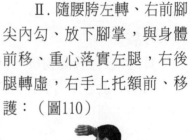

呼氣—

Ⅲ.右腿伸直起勁，左腳尖收置右腳掌內側同時，胸前左掌順勢向右側方（03）推出：（圖111）

圖111

（70）.左轉身掤手、攬雀尾、如封似閉：

左後轉身、掤手：

吸氣—

Ⅰ.維持右腿重心、虛放左腿，腰身轉向左後方向（09），下坐雙腿與雙手互動向下移收，左手掌心向內、前臂半抱與心平，右手指尖貼近左腕上方（如圖112）；上身中正不變，左腳前踏半步、腳跟著地（如圖113）：

圖112

圖113

呼氣—

Ⅱ.右腿蹬直、勁根起，放下左前腳掌、腳跟輕提同時，右後腿勁道經腰、脊整合，直覺貫雙臂、雙掌原勢向前掤出與腋平。（圖114）

圖114

左攬雀尾：

吸氣──

Ⅰ. 右腿半坐、腰胯左轉，同時右手旋向右側下方、掌心向上，與左手向左側上移肩平、掌心向右側下，雙手掌心相對：（圖115）

圖115

圖116

Ⅱ. 右腿繼續向下微坐、腰胯續向左微轉，同時左手下旋於左腿前側，右手旋向右側上方、與肩平，雙手掌心依然上下相對：（圖116）

Ⅲ. 雙腿原狀、腰身右轉，雙手隨身轉向、掌心相對微收於胸前：（圖117）

圖117

Ⅳ. 腰胯微微後坐、上身轉正（09），右手指尖貼於近左腕、微收於胸前，左前腳跟輕提、腳尖虛放：（圖118）

圖118

圖119

呼氣—

Ⅴ. 右後腿蹬直起勁、經腰脊覺性貫雙臂，隨腰身趨前，雙手順勢向前擠出與肩平：（圖119）

左如封似閉：

吸氣—

Ⅰ. 擠出的雙手、左掌心向上，手掌回收、雙肘內合，腰身前移左腿，同時左掌心翻轉向下：（圖120）

圖120

呼氣──

Ⅱ. 左前腿蹬直、起勁，
直覺經腰脊貫雙臂，右後腳
尖收於左腳掌內側，同時右
掌向前順勢推出，左掌護於
右臂下方：（圖121）

圖121

吸氣──

Ⅲ. 重心移右腿、微微向下坐實，左腳跟輕提、腳尖
虛放，同時右掌向左側移動、收腋前，左掌外移收左腋
前，雙肘微收、雙掌心向前與肩平（如圖122）；上身不
動，左腳前踏半步、腳跟著地（如圖123）：

圖122

圖123

呼氣—

Ⅳ. 右後腿蹬直、起勁經腰際內外整合，內勁直覺貫脊臂，同時左腳掌放下、腳跟輕提，與腰身趨前、雙掌順勢向前按出：（圖124）

圖124

圖125

(71). 左迴身掌：

吸氣—

Ⅰ. 右腿下坐，與放下左前腳跟、腳尖輕提，隨腰身向右轉動（12），然後放下左腳掌：（圖125）

Ⅱ. 重心移左移、微坐左腿，右腳跟輕提、腳尖虛放；與腰身左向轉動，右掌下移於左胸前側，左掌上揚護於頭頂、掌心向上：（圖126）

圖126

呼氣—

Ⅲ. 腰身續向左後轉同時，左腿起直、腳勁經腰部整合，與微收右後腳尖同時，腰脊直覺貫雙臂，右掌向左後方（7½）順勢推出：（圖127）

圖127

(72). 右轉身掤手、攬雀尾、如封似閉：

右後轉身掤手：

吸氣—

Ⅰ. 左腿重心不變、微微向下坐實，腰身同步轉向右後方（1½），右手隨腰身、下移，掌心向內半抱於心前，左手下移、指尖貼近右腕上（如圖128），然後，右腿前踏半步、腳跟著地：

圖128

呼氣—

Ⅱ. 左腿蹬直起勁，經小腹內勁整合，腰脊直覺貫雙臂，與前腳跟輕提、腰身趨前，雙手順勢向前掤出與腋平：（圖129）

圖129

右攬雀尾：

吸氣—

Ⅰ. 左腿半坐、腰胯右轉，同時左手旋向左側下方、掌心向上，與右手向右側上移肩平、掌心向左側下，雙手掌心相對：（圖130）

圖130

Ⅱ. 左腿繼續向下微坐、腰胯續向右微轉，同時右手下旋於右腿前側，與左手旋向左側上方、肩平，雙手掌心依然上下相對狀：（圖131）

圖131

圖132

Ⅲ. 雙腿原狀、腰身左轉，雙手隨身轉向、掌心相對微收於胸前：（圖132）

Ⅳ. 腰胯繼續後坐、上身趨向右前腿方向（1½）轉正，左手指尖貼於近右腕、微收於胸前，右前腳跟輕提、腳尖虛放：（圖133）

圖133

呼氣—

Ⅴ. 左後腿蹬直起勁、直
覺經腰脊貫雙臂，隨腰身趨
前、雙手順勢向前擠出與腋
平：（圖134）

圖134

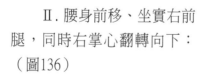

圖135

右如封似閉：

吸氣—

Ⅰ. 左掌心向上、收合雙
肘，兩掌原勢收至胸前，與
下坐左腿：（圖135）

Ⅱ. 腰身前移、坐實右前
腿，同時右掌心翻轉向下：
（圖136）

圖136

呼氣—

Ⅲ. 右前腿蹬直、起勁，
直覺經腰脊貫左臂，收左後
腳尖同時，左掌順勢向前推
出，右掌心向下、護於左手
肘下方：（圖137）

圖137

吸氣—

Ⅳ. 重心移左腿、微微向下坐實，右腳跟輕提、腳尖
虛放，同時右手自左胸前移收，雙手合肘、雙掌向前與
肩平（如圖138）；上身不動，左腳前踏半步、腳跟著地
（如圖139）：

圖138

圖139

Ⅴ.左後腿蹬直、起勁，直覺經腰脊貫雙臂，同時放下右腳掌、輕提腳跟，腰身趨前、雙掌向前順勢按出：（圖140）

圖140

(73). 左後轉身、右斜單鞭

吸氣—

Ⅰ.上身原勢隨腰胯、坐實左後腿（如圖141），提起右前腳尖、隨腰身轉向左後方（7½），雙臂微收、左掌指尖抓合內勾，與右腳掌內勾落實腳掌（如圖142）：

圖141

圖142

Ⅱ. 身體重心右移、微坐右腿，左腳跟輕提、腳尖虛放於右腳掌前方，同時，右手掌指移護於左內勾掌指的手腕，雙手肘收合、雙掌置於胸前（如圖143）；然後，左前腿前踏半步（7½）、腳跟著地（如圖144）：

圖143　　　　　　　　圖144

呼氣—

Ⅲ. 右腿蹬起勁、直覺經腰脊上傳，左腳掌落地、輕提腳跟，腰身趨前同時，雙掌原姿順勢向前推擊出：（圖145）

圖145

吸氣—

IV. 放下左前腳跟、腳尖輕提向右內側方勾放，上身中正不變、雙臂微收（如圖146）；然後重心前移落實左腿、輕提右後腳跟虛放（如圖147）：

圖146

圖147

呼氣—

V. 左腿蹬起勁道，經腰部內外整合、腰脊直覺貫雙臂，與上身趨前、收右腿同時，雙手順勢同步向前方（7½）再擊出：（圖148）

圖148

吸氣──

Ⅵ. 左實腿微坐，腰身向後轉動同時，左手原勢不動，右臂、向下手掌沿左臂內側移動，經胸前轉向右方（1½），掌指向前、掌心左向：（圖149）

圖149

Ⅶ. 右肘向右肋內收，右掌由上而下、趨向腰平切落，然後，右腿前踏一步、腳跟著地，與右掌向前推起：（圖150）

圖150

呼氣──

Ⅷ. 右腳掌放下、輕提腳跟，左後腿蹬直、勁道結合腰腹肌群，直覺自腰脊、貫手臂，隨腰身趨前、右手依勢向前按出：（圖151）

圖151

(74). 左、右玉女穿梭：

右玉女穿梭：

吸氣—

Ⅰ. 半坐左後腿，放下前
腳跟、翹起腳尖，隨腰身右
轉，同時右手下放，左掌上
舉於頭部左側：（圖152）

圖152

圖153

Ⅱ. 腰身前移、重心落實
右腿，左腿向前方（1½）跨
進一大步：（圖153）

呼氣—

Ⅲ. 腰身、右腿下蹲同
時，左掌隨腰身向下、順勢
下擊，右手護於腰腹前方：
（圖154）

圖154

吸氣—

IV. 腰身、右後腿起勢，身體重心前移左前腿同時，左掌心翻轉向上與上迎移護於頭部上方，右掌心向前、隨腰身移於右胸前：（圖155）

圖155

圖156

呼氣—

V. 左腿、腰身起直，右後腿腳尖收移左腳內側，隨腰身趨前同步，右掌順勢向左側前方推出：（圖156）

吸氣—

VI. 右腳尖後退、移放左腳跟後方，腰身向右方向（4½）轉動；身體重心移右後腿、並落實重心同時，雙手隨腰身轉勢、順勢擺收胸前，與輕提左前腳跟：（圖157）

圖157

Ⅶ. 面向4½ 方向、抬起左腿，右手內抱、掌心向內與心平，左掌向前、護於右腕（如圖158）；上身不變、右腿微坐，左腿向前踏出一步，腳跟著地（如圖159）：

圖158

圖159

呼氣—

Ⅷ. 然後左後腿蹬直、起勁根，同時左前腳掌放下、輕提腳跟，後腳跟勁道、整合腰部內外肌群，直覺經脊、臂，雙手順勢向前掤出：（圖160）

圖160

吸氣—

IX. 雙腿原勢微坐、腰
胯右轉，與左腳踵趨向外
轉動，同時雙臂微收互動，
左手掌心朝向顏面，右手向
下掌心不變、收於右腰側：
（圖161）

圖161

呼氣—

X. 放下左腳踵、落實腳掌，重心前移左腿微坐，然
後，左腿、腰胯貫連起直，與收右腿同時，左掌心翻轉上
迎、護於頭頂前方，右掌隨身勢向左側方（4½）按出：
（圖162）

圖162

XI. 腰身微轉向右，臉朝
右側方、雙眼平視，左手向
左方平伸：（圖163）

圖163

圖164

XII. 腰胯、左腿下蹲，
同時右腿向右側跨出一大
步，雙手原勢、隨身下攦：
（圖164）

XIII. 左腿起勢、腰胯
向右腿上移同時，右臂摟過
右膝、掌心翻轉向上，左掌
平移右側前方、掌心向前：
（圖165）

圖165

ⅩⅣ. 腰身起直、重心落實右腿，左後腳尖收於右腳掌內側虛放，同時右掌向上移護右臉，與左掌隨身移動、趨向右側前方：（圖166）

圖166

圖167

ⅩⅤ. 微坐右腿，左掌向左側攦、拉，右前臂、手掌切、攦向左方，同時左腳掌向右側橫掃出，臉部與雙手動、朝左側方平視：（圖167）

ⅩⅥ. 橫掃左腿、腳掌跨前一步，腳掌落著地，雙手繼續攦向左後方，臉部轉向右側方平視：（圖168）

圖168

XVII. 腰身、重心前
移左腿，右腿向右側前方
跨出一大步，然後腰身、
左腿下蹲，同時雙手原勢
隨身下攦：（圖169）

圖169

左玉女穿梭：

吸氣——

I. 右腳尖隨腰胯向右轉，腰身起勢、重心前移落實
右腿，同時右手摟膝移護右膝外側，左手微提至左腰前：
（圖170）

圖170

Ⅱ. 隨腰身起直、轉向（7½），與收抬左後腿同時，左手小臂、掌心向內抱，右手掌指向前、貼護於左腕（如圖171）；上身不變、右腿微坐，左腿向前踏出一步，腳跟著地（如圖172）：

圖171

圖172

呼氣—

Ⅲ. 然後右後腿蹬直，同時右前腳掌放下、輕提腳跟虛放，後腿勁道、整合腰部內外肌群，直覺貫脊、臂，雙手順勢向前（7½）掤出：（圖173）

圖173

吸氣——

Ⅳ. 腰胯向右下轉動、微坐右腿，與左前腿腳踵向外（左前方）移動，雙臂隨腰身轉向微收互動，左手掌心轉朝向顏面，右手向下掌心不變、收於右肋前側：（圖174）

圖174

呼氣——

Ⅴ. 重心前移左腿、微坐，然後，左腿、腰身貫連起直，與收右腿腳尖同時，左掌心翻轉上迎、護於頭頂前方，右掌隨身勢向左側方（7½）按出：（圖175）

圖175

VI. 腰身向右側（10½）轉動，與重心移右腿微坐落實，右手下放於右腿側，左手隨腰身轉向、下移於左胸前、掌心向右前方：（圖176）

圖176

圖177

吸氣──

VII. 左腿後退一步、腳尖著地，同時左手向前方按出：（圖177）

VIII. 重心移落左後腿、微坐，右腳跟輕提、腳尖者著地，同時左掌續向下按胸前，右掌心翻轉向、上提右肋側：（圖178）

圖178

呼氣—

IX. 左後腿起直、勁根
會合腰際內外，直覺經脊、
臂上貫，右掌經左掌背向前
擊出，左掌護於右肘下，右
前腳尖微收於左腳掌內側：
（圖179）

圖179

吸氣—

X. 雙腿原勢下坐、腰身左向轉動，與右前腳跟朝外
移動，同時右小臂內收下移、掌心向下（如圖180）；然
後落實右腳跟、與腰身移於右前腿，輕提左腳跟，右手向
上移護與目平（如圖181）：

圖180

圖181

呼氣──

XI.右腿起直、勁根結合腰脊，左腳尖收於右腳掌內側同時，右手上迎於頭頂、掌心向上，與左手順勢向右方（10½）推出：（圖182）

圖182

圖183

吸氣──

XII. 腰身、頭部轉向左後方，兩眼平視、右臂向右方平伸：（圖183）

呼氣──

XIII. 腰身、右腿下蹲，同時左腿向左橫跨一大步、腳跟著地，雙手隨身下擺如圖：（圖184）

圖184

吸氣—

XIV. 腰身、重心前移左腿，右後腿起、伸直同時，雙手前移左前方，右手肘收合、掌心向內護於左腰前，左掌平移左前方、掌心朝內：（圖185）

圖185

XV. 腰身起直、落實左腿，收右腿、腳尖虛收至於左腳掌後側，同時左手掌向上移護右臉，左掌隨身上移、趨向左側前方：（圖186）

圖186

XVI. 上身不變右腿微坐，提起右腿（如圖187），然後右腿、雙手同步互動，右掌向右後側拉、攞，左手小臂、手掌經前方攞向右側方，右腳掌向左側橫掃出；雙眼隨後攞雙手、向右後方平視（如圖188）：

圖187

圖188

XVII. 放下跨前右腿、重心前移，同時臉部轉向左前方平視：（圖189）

圖189

呼氣—

XVIII. 重心前移右腿，左腿向左側前方（4½）跨出一大步，腰身、右腿下蹲同時，雙手原勢 隨身下攦：（圖190）

圖190

(75). 右、左掤手、攬雀尾、如封似閉：

右掤手：

吸氣—

I . 左腳尖向左前方（4½）轉動，雙手隨腰身前移、起勢，放下左前腳掌、落實重心；輕提右後腳跟、虛放腳尖：（圖191）

圖191

Ⅱ. 腰身續向左前方（4½）轉正，右手掌心向內、半抱於腹前，左掌旋至左腰際；右腳尖趨向左腳掌側收：（圖192）

圖192

圖193

Ⅲ. 站直左腿、上身中正，抬起右腿、腳尖朝下，左手掌指尖貼護右腕：（圖193）

Ⅳ. 上身不變、左腿微坐同時，右腳尖前踏一步：（圖194）

圖194

呼氣——

Ⅴ.左腿蹬起、勁道經小
腹內外肌群整合，內在勁道
直覺貫脊、臂，雙手順勢向
前掤出：（圖195）

圖195

右攬雀尾：

吸氣——

Ⅰ.雙腳掌原勢不變；左後腿下坐、腰身右轉，左手
下旋於左腿前側、掌心向上，右手隨腰身轉動，上提右肩
前方、掌心向下：（圖196）

圖196

Ⅱ. 左腿繼續下坐、腰跨續向右轉，與右手沿右側下旋於右腿側、掌心向上，左手由左側上旋與肩高、掌心向下：（圖197）

圖197

圖198

Ⅲ. 腰胯再向左轉動，相對雙手掌隨腰身轉左側，雙手掌合抱狀於胸前左側：（圖198）

Ⅳ. 左側腰身轉正，右手上移於腹前、左手貼於右腕上：（圖199）

圖199

呼氣—

Ⅴ.左後腿蹬起、腰脊直覺貫雙臂，相貼手腕向前擠出：（圖200）

圖200

圖201

右如封似閉：

吸氣—

Ⅰ.擠出右掌心翻轉向上，兩臂手肘內合，腰身下坐左後腿：（圖201）

Ⅱ.半坐腰身、重心前移右腿，左腿輕提腳跟，同時右掌翻轉向下方，移腹左腕下：（圖202）

圖202

呼氣──

Ⅲ. 右腿勁根、結合腰
際，直覺貫脊臂與收左腿、
腳尖，掌心向前左臂，經右
掌上方向前推出：（圖203）

圖203

吸氣──

Ⅳ. 放下左後腳跟，重心後移、落實左腿腳掌，輕提
右前腳跟同時，雙手互動、手肘收合，雙手掌心向前同
胸寬、分移兩腋前（如圖204）；上身不變，右腿前踏半
步、腳跟著地（如圖205）：

圖204

圖205

呼氣—

Ⅴ.左腿蹬起、勁根經腰脊貫手臂,與身勢前移、雙手順勢向前按出:(圖206)

圖206

左掤手:

吸氣—

Ⅰ.腰身前移、坐實右前腿,左腳跟輕提,兩手放下(如圖207),腰身微轉左向、臉看左側(1½),後腳尖前移於右腿掌側(如圖208):

圖207

圖208

Ⅱ. 抬起左腿、腰轉向左，同時雙手合抱於胸前，左掌心內抱、右掌指貼護於左腕（如圖209），上身不變、右腿下坐，左腿前踏一步、腳跟著地（如圖210）：

圖209

圖210

呼氣—

Ⅲ. 右後腿蹬起、腿勁結合小腹內勁，直覺貫脊髓、手臂，同時放下左前腳尖、輕提腳跟，隨腰身趨前、雙手順勢掤出：（圖211）

圖211

左攬雀尾：

吸氣—

Ⅰ. 左前虛腿不變，右後實腿向下微坐，腰身向左轉動同時，右手下放右腿側、掌心向上，掌心向下左手上移左上方：（圖212）

圖212

圖213

Ⅱ. 右腿繼續下坐、腰跨續向左轉，左手沿左側下旋左腿前側、掌心向上，同時右手沿右側上旋右上方、掌心向下：（圖213）

Ⅲ. 右腿原勢不動，身隨腰胯轉右、雙手互動，對抱雙掌微收於右側前方：（圖214）

圖214

　　Ⅳ. 身手隨腰跨向左轉
正、坐實後腿，雙手肘內
合、雙掌移近心前，左掌心
內抱，右掌指貼護於左腕：
（圖215）

圖215

呼氣──

　　Ⅴ. 右後腿蹬起，腿勁直
覺貫串腰脊手臂，右手貼於
左腕順勢向前方擠出。（圖
216）

圖216

左如封似閉：

吸氣──

　　Ⅰ. 左掌心前翻向上，
雙手肘向內收合，坐實右後
腿：（圖217）

圖217

Ⅱ. 右腿半坐、雙掌收至胸前；然後，身體重心前移左腿同時，左掌心翻向下方、收入右掌腕下：（圖218）

圖218

圖219

呼氣——

Ⅲ. 隨後，左腿起勁、直覺貫串腰脊，與右腳尖收至左腿側，同時右臂、掌心向下隨身勢向前方推出：（圖219）

吸氣——

Ⅳ. 身體重心轉移右腿、坐實，左腿轉虛、輕提腳跟，同時右手收回於右胸前方，左手掌經胸前、移收左胸前，雙手掌心向前、於腋前同胸寬：（圖220）

圖220

呼氣─

Ⅴ.左腳向前踏進半步、腳跟著地（如圖221），右後腿起直、勁根連結腰際內外肌群，同時左前腳掌放下、輕提腳跟，腰脊直覺貫串雙臂、雙掌順勢向前按出（如圖222）：

圖221　　　　　　　圖222

(76). 右上步採手：

吸氣─

Ⅰ.重心前移左腿、坐實，腰身微轉向右（03）同時，右腳跟輕提，右手下放於右腿前，左手原勢、掌心轉向右方：（圖223）

圖223

Ⅱ. 左腿微升，右大腿、右掌上提，右掌心向左、與胸平，左掌下移於右掌與右大腿之間（如圖224），左腿下坐同時，右腳前踏一步、腳跟著地（如圖225）：

圖224 圖225

呼氣—

Ⅲ. 右前腳掌放下同時，右手掌下採與胯平，然後左後腿蹬勁連貫腰脊、手臂，與輕提前腳跟，右掌隨勢平小腹推出，繼續上升與腰平：（圖226）

圖226

(77). 左單鞭：

吸氣—

Ⅰ. 放下右前腳跟、撬起腳尖，左腿向下半坐同時，右前臂、手掌從右側上勾，掌心向右臉側：（圖227）

圖227

圖228

Ⅱ. 上身隨腰胯向左轉正（12），右腳尖左向內勾、落實腳掌，與右手小臂原勢隨腰身向左轉動、劃一半圓，左手原勢、橫肘於胸前：（圖228）

Ⅲ. 右手五指尖抓合成梅花爪、手掌內勾，從前方向臉部勾落，左掌沿右小臂向右腕移護護互動，雙手前臂折收與肩平，左掌指護於梅花爪右腕上：（圖229）

圖229

Ⅳ. 腰身轉向右側（03），
坐實左腿、右腳掌不變：（圖
230）

圖230

圖231

Ⅴ. 上身中正不變，兩臂
手肘下收、內合，腰胯再下
坐、落實左後腿：（圖231）

呼氣——

Ⅵ. 左後腿起直、力根結
合腰脊，直覺貫雙臂、雙手
原勢向前擊出：（圖232）

圖232

Ⅶ. 重心前移右腿、微坐，雙臂微收，左腿腳尖進至右腳掌內側，右腿、腰脊勁道直覺貫雙臂，雙手原勢再擊之：（圖233）

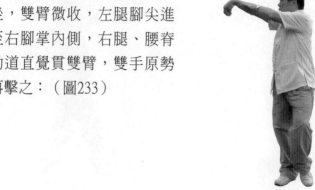

圖233

吸氣─

Ⅷ. 右實腿、右臂梅花爪原勢不動，上身隨腰胯向左後方（09）轉動，左前臂、手掌沿右臂內側平移，左掌經左胸前側向左側上提，於左臉前方、掌心隨轉向右，與臉部轉向左側方平視同時，左虛腿、腳尖也同時轉向左側：（圖234）

圖234

Ⅸ. 右後腿下坐，左掌由上而下切落（如圖235），左腳前踏一步、腳跟著地，左掌繼續切落與腰平（如圖236）：

圖235　　　　　　　圖236

呼氣—

Ⅹ. 右腿蹬起、腿勁腰勁結合，直覺經脊、臂，放下左腳尖、輕提腳跟，同時左掌順勢向左側前方按出與肩高：（圖237）

圖237

(78). 第二趟雲手:

吸氣—

Ⅰ. 微坐右腿,放下左腳掌、輕提腳尖,腰身向左轉正(12)、放下左腳尖;左手同步隨腰身轉前方:(圖238)

圖238

Ⅱ. 身體重心移左腿、半坐,右腿移收半步、腳尖著地,右手下收、掌心向上與下插,左手肘微收、掌心向下(如圖239);腰身微升,右掌勢繼下插至左腰前側(如圖240):

圖239

圖240

呼氣——

Ⅲ. 腰身中正，腰胯趨向左實腿下坐，同時雙掌對扳；左手向左腿側下按，右手上托至左肩前（如圖241）；身姿原勢不變，雙手掌心翻轉，右掌在上、左掌在下，掌心相對狀（如圖242）：

圖241

圖242

吸氣——

Ⅳ.；雙掌原勢隨腰身向右側方轉動（03），腰身起直，右手向右前方上揚、掌心向下，左手小臂內合至胸前：（圖243）

圖243

Ⅴ. 腰胯、左腿下坐同
時，右手沿右側方旋劃半
圓，旋至胸前與掌心向左、
轉向上方；左手隨右手大轉
互動微轉，掌心轉向下方、
護於右肘下：（圖244）

圖244

圖245

呼氣──

Ⅵ. 左腿蹬起、結合腰
勁，直覺經脊、臂，右掌順
勢向前上方送出，左掌隨護
右肘下：（圖245）

吸氣──

Ⅶ. 身勢不變，雙手臂微伸，右掌心翻轉向下、左
掌心轉向右（如圖246）；腰胯、左腿下坐同時，右掌下
採、雙手下攦（如圖247）：

圖246

圖247

Ⅷ. 腰胯、上身向左轉正（12），右掌隨腰身轉動、平移右胸前，左手微收互動移左胸前（如圖248）；重心右移、坐實右腿，輕提左腳跟、虛放，右掌翻轉向下（如圖249）：

圖248

圖249

呼氣──

IX. 右掌隨腰身微升，左掌勢下插至右腰前側（如 圖250），腰身中正，腰胯趨向右腿下坐，同時雙掌對扳；右手向右腿側下按，左掌上托至右肩前（如圖251）：

圖250   圖251

吸氣──

X. 身姿原勢不變，雙手掌心翻轉、掌心相對狀，同時左腿向左側方（09）踏出一步（如圖252）；雙臂、上身隨腰胯左轉，左手順勢上移左上方、掌心向下，掌心向上右手，順移左側腰前、雙掌心相對狀（如圖253）：

圖252   圖253

XI. 右後腿下坐、腰胯續向左轉同時，左手沿左側方旋劃半圓，旋至胸前與掌心向右、向上轉動；右手隨左手大轉互動微轉，掌心轉向下方、護於左肘下：（圖254）

圖254

呼氣—

XII. 右腿蹬起、結合腰勁，直覺經脊、臂，左掌順勢向前上方送出，右掌隨護右肘下：（圖255）

圖255

呼氣─

XIII. 身勢不變，雙手臂微伸，左掌心翻轉向下、右掌心轉向左（如圖256）；腰胯、右腿下坐同時，左掌下採、雙手下攦（如圖257）：

圖256

圖257

XIV. 再從雲手I. 至 XIII. 重複一次：（圖238～圖256）

圖238 → 圖239 → 圖240 → 圖241

圖242 → 圖243 → 圖244 → 圖245

圖246 → 圖247 → 圖248 → 圖249

圖250 → 圖251 → 圖252 → 圖253

圖254 → 圖255 → 圖256 →進入（79）

(79). 左單鞭、下勢；

左單鞭：

吸氣—

Ⅰ.微坐右腿，前腳跟放下、輕提腳尖，隨腰胯向右（12）轉正，與放下左腳掌，雙手隨腰身轉動（如圖257）；身體重心移左腿，右腳掌收至左腳內側、虛放，右手下移於右腿前、掌心向上（如圖258）：

圖257

圖258

　　II. 右手五指抓合、內勾，梅花爪上移面前、指尖朝內，同時左臂、手掌向內平收、移護右腕（如圖259）；雙手小臂轉動、平置與肩平，左掌依護梅花爪、右腕上方（如圖260）：

圖259　　　　　　　　　　圖260

　　III. 上身原勢隨腰胯向右（03）轉動（如圖261）；上身中正、腰胯下坐，雙臂手肘向內收肋側（如圖262）；右腿前踏一步、腳跟著地（如圖263）：

圖261　　　　　圖262　　　　　圖263

呼氣—

Ⅳ. 放下右前腳尖、輕提
腳跟，左後腿蹬直、腿腰脊
直覺貫手臂，雙手原勢向前
平擊出：（圖264）

圖264

吸氣—

Ⅴ. 上身原勢隨腰胯微坐，同時，放下右前腳跟、翹
起腳尖，隨腰身後移腳尖左向內勾、放下右腳掌，雙手掌
原勢微收（如圖265）；身體重心前移右腿、微坐，左後
腳跟輕提、虛放（如圖266）：

圖265

圖266

呼氣—

Ⅵ. 右前腿伸直、起勁，同時收左腿、腳尖進至右腿內側，雙手隨身勢前移、順勢再推出：（圖267）

圖267

吸氣—

Ⅶ. 右手梅花爪原勢不動，左手隨腰身轉左，左掌心向下、沿右臂內側平移，經胸前、轉向左側前方（09），掌心轉向右，同時坐實右後腿（如圖268）；左腳前踏一步、腳跟著地（如圖269）：

圖268　　　　　　圖269

呼氣—

Ⅷ.隨身勢繼續下坐，左
掌向下切落、至腰平；然後
左手掌心轉向前，隨右腿起
直、勁根，腰脊勁道直覺貫
串內涵，與放下前腳尖、輕
提腳跟同時，隨身勢趨前、
左掌順勢向前按出與肩高：
（圖270）

圖270

下勢：
吸氣—

Ⅰ.右手梅花爪原勢不變，腰胯微坐右腿，左前腳
掌、虛腿隨腰身右轉（12），同時左手臂上舉、掌心轉向
右：（圖271）

圖271

Ⅱ. 腰身、右腿下蹲，
左腿、腳掌直伸，左手掌
刀向前方切落後，掌心向
轉向下：（圖272）

圖272

圖273

呼氣—

Ⅲ. 上身向左側前俯、
左手順勢前探，左掌經左
腳尖上方護掃向左後側：
（圖273）

吸氣—

Ⅳ. 兩腿原勢不變，
掃向左後側左掌，經左
側後方收轉至胯前：
（圖274）

圖274

呼氣─

Ⅴ.腰身向左微轉、上
升,重心前移左腿、坐實,
右臂隨身起動,左掌移護左
膝前:(圖275)

圖275

(80). 進步、退步金雞獨立:

進步金雞獨立:

吸氣─

Ⅰ.腰身向左(09),腰跨、左腿起直同時,抬起右
腳、大腿提平,右臂鬆開手指、掌心向外上迎,虎口與目
平,左手虎口貼於左腿側:(圖276)

圖276

呼氣—

Ⅱ. 左腿向下半坐，上身原勢隨腰胯下坐，尾閭上提、緊收小腹：（圖277）

圖277

退步金雞獨立：

Ⅲ. 右腿放下、後退半步（如圖278），右手向下採落至右腹前；坐實右腿，輕提左腳跟、虛放（如圖279）。

圖278

圖279

吸氣──

Ⅳ. 腰身、右腿起直同
時，抬起左腳、大腿提平，
左臂掌心向外、上迎，虎口
與目平，右手虎口貼於右腿
側：（圖280）

圖280

呼氣──

Ⅴ. 右腿向下半坐，上
身原勢隨腰胯下坐，尾閭上
提、緊收小腹：（圖281）

圖281

(81). 左蹬腿、右、左倒攆猴：

左蹬腿：

吸氣──

Ⅰ. 右腿繼續下坐，同時
左腿放下、向後伸，左手趨
前平伸、右手後伸，全身落
實右腿腳掌、身心前後平衡
狀：（圖282）

圖282

呼氣─

Ⅱ.右腿、腰身起直，左後腿隨身勢向前方（09）蹬出：（圖283）

圖283

右倒攆猴：
吸氣─

Ⅰ.放下左腿，腳尖收至右腳掌內側，腰身向右側（10½）轉動、左手後移（如圖284）；腰身轉向10½ 方向，左腳尖續向後方（4½）直退一步，腳跟向右內側收、放下腳跟，後移重心、微坐左腿；同時翹起右腳尖隨腰身向左（09）轉動，與左掌心翻轉向上，右掌上揚至右耳側、掌心向下（如圖285）：

圖284

圖285

呼氣──

Ⅱ. 腰身、左後腿繼向
下坐，右腳尖隨腰胯繼向左
（09）轉正，然後，左腿起
直、腰脊趨前直覺貫雙臂，
放下右前腳尖、輕提腳跟，
右掌經左掌上方向前方按
出，左掌微收、護於右肘下
方：（圖286）

圖286

吸氣──

Ⅲ. 左腿微起，腰身轉向左（7½），同時右腳尖收
經左腳內側，與左手順勢放下、向左後側平伸（如圖
287）；左腿重心不變、下坐，經左腳內側的右腳尖，續
向右後方（1½）直退一步，然後右腳跟轉向左內側（如
圖288）：

圖287

圖288

Ⅳ. 落實右後腳掌，重心後移、半坐右腿，與翹起左腳尖，同時右掌翻轉向上，左小臂上揚、掌心向前移左耳側：（圖289）

圖289

呼氣一

Ⅴ. 左前腳尖隨腰身向右（09）轉正點，放下左前腳尖、輕提腳跟，同時右後腿勁根經腰脊直覺串雙臂，左掌順勢經右手掌心上方、向前方按出；右掌微收護於左肘側：（圖290）

圖290

左倒攆猴：

吸氣──

Ⅰ.延續前項右倒攆猴，拍照偏向（10½）取景。
右腿微微起直，左前腳尖收經右腳內側，腰身微轉向右
（10½）、右手順勢放下、向右後側平伸（如圖291）；
右腿重心不變、微坐，左腳尖續向左後方（4½）退一步
（如圖292）：

圖291　　　　　　　　圖292

Ⅱ.左後腳跟轉向右內
側、腳掌放下，重心後移、
半坐左腿，同時翹起右腳
尖隨腰身左轉（09）；與左
掌翻轉向上，右手上揚折收
右耳側、右掌心向下：（圖
293）

圖293

呼氣—

Ⅲ. 右前腳尖,隨腰身轉
向09正點,放下右腳尖、輕
提腳跟,同時左後腿勁、腰
脊直覺貫串雙臂,右掌經左
手掌心上方、向前方按出,
左掌微收護於左手肘側:
(圖294)

圖294

吸氣—

Ⅳ. 左腿微微起直,右腳尖收經左腳內側,腰身轉向
左側(7½)、左手順勢放下,向左後側平伸(如圖295
);左腿重心不變、微坐,右腳尖續向右後方(1½)直
退一步,然後腳跟轉向左內側狀(如圖296):

圖295

圖296

V. 落實右後腳掌，身體重心後移、半坐右腿，翹起左腳尖隨腰身向右轉向09正點，同時右前掌翻轉向上，左掌上揚移至左耳側、掌心向下：（圖297）

圖297

圖298

呼氣──

VI. 放下左前腳尖、輕提腳跟，右後腿勁、腰脊直覺貫雙臂，同時左掌經右手掌心上方、向前方按出，右掌微收護於左肘側：（圖298）

(82). 右、左採手、分掌：

右採手：

吸氣──

I. 右後腿半坐，放下左前腳跟、輕提腳尖，隨腰身左向半轉，放下左手、向左側方伸起：（圖299）

圖299

Ⅱ. 放下左前腳掌，身體重心移前移左腿、坐實，右後腿輕提腳跟、虛放，腰胯轉向右方（10½），左手隨身移於胸前、掌心向右於肩平，右手下放於右腿側：（圖300）

圖300

Ⅲ. 左腿伸起，同時右手、右腿上提，右手掌心向左於胸前，左掌同步移於右掌、右大腿之間（如圖301）；左後腿半坐，右腿前踏一步、腳尖著地，右手同步趨下採出（如圖302）：

圖301

圖302

呼氣──

Ⅳ. 右手下採與胯平，
然後，左腿微蹬、勁根結合
腰脊，與放下右腳尖、輕提
腳跟，右掌順勢向前推出與
腰平，左掌隨護於右肘側：
（圖303）

圖303

右分掌：

吸氣──

Ⅰ. 右前腿腳尖虛放不變，上身向後微仰、微坐左
腿，同時右手上提、掌心翻轉向前護於頭額上，與胸前左
掌心微轉向前方（如圖304）；上身原勢不變，重心前移
右腿、坐實，左後腿輕提腳跟（如圖305）：

圖304

圖305

呼氣—

Ⅱ. 右腿勁根結合腰脊趨前，與左後腳尖前移，虛放於右腳掌側同時，隨身勢趨前，左臂、手掌順勢向前方推出：（圖306）

圖306

吸氣—

Ⅲ. 重心移左腿、坐實，右腿輕提腳跟、虛放，同時左手上提移護頭額上，與右掌下移於胸前、掌心趨前向下（如圖307）：上身原勢不變，右腳前進半步、腳跟著地（如圖308）：

圖307

圖308

呼氣─

Ⅳ. 放下右前腳尖、輕提
腳跟，左腿蹬起，勁根直覺
貫串腰脊與手臂，右掌同步
向前方按出 ；（圖309）

圖309

左採手：

呼氣─

Ⅰ. 重心前移右腿、坐實，輕提左腿腳跟，左手下落
趨向左腿側，右手立掌向下採放、隨腰胯左轉互動：（圖
310）

圖310

Ⅱ. 右腿起直同時，收左腿、上提，左臂隨身勢旋向左後方，然後手掌上提左胸前、掌心向右，右掌同步移於左掌、左大腿之間（如圖311）；右後腿半坐，左腿向前（7½）踏進一步、腳尖著地，左掌趨向下採（如圖312）：

圖311　　　　　　　　圖312

呼氣─

Ⅲ. 左手下採與胯平，然後，右腿微蹬、勁根結合腰脊，與放下左前腳尖、輕提腳跟，左掌順勢向前推出與腰平，右掌隨護於左肘側：（圖313）

圖313

左分掌：

吸氣──

Ⅰ. 前腿腳尖虛放不變，上身向後微仰、微坐右後腿，同時左手上提、掌心向前護於頭額上，與胸前右掌心轉向下方：（圖314）

圖314

呼氣──

Ⅱ. 重心前移左腿、坐實，右腿輕提腳跟、腳尖前收虛放於右腳掌側，同時左腿勁根結合腰脊趨前，右手順勢向前推出：（圖315）

圖315

吸氣──

Ⅲ. 重心移右腿、坐實，左腿輕提腳跟、虛放，同時右手上提移護頭額上，與左掌下移於胸前、掌心趨前下方（如圖316）；左腿前進半步、腳跟著地（如圖317）：

圖316

圖317

呼氣—

Ⅳ. 放下左前腳掌、輕提腳跟，同時右腿蹬起、貫串腰脊與手臂，左掌同步向前方按出：（圖318）

圖318

(83). 左單通臂：

吸氣—

Ⅰ. 腰胯微坐右腿、上身向右微轉，左腳尖收置右腳內側，同時放下左手、掌心向上收移右腹前，右手下移與掌心翻轉向下、與肩同高（如圖319）；然後右腿起直（如圖320）：

圖319

圖320

呼氣—

Ⅱ. 腰胯、右腿半坐同時，右掌隨身勢下按至右腿側，左掌上托至胸前：（圖321）

圖321

吸氣——

Ⅲ. 右腿重心不變、繼向下微坐，與腰胯向左轉動，左掌隨上身轉動、原勢平移左前方（7½），然後左腿向左前方踏出一步、腳跟著地：（圖322）

圖322

呼氣——

Ⅳ. 右腿蹬直、勁根直覺貫腰脊，與放下前腳掌、輕提腳跟同時，左掌隨上身趨前、順勢向前插出，右掌虎口貼於右大腿側原勢下按：（圖323）

圖323

143

(84). 左肘靠、右採肘靠：

吸氣─

Ⅰ. 上身方向不變、右腿站直，左腿腳尖收至右腳掌內側、虛放，同時右手從右後方上提、肩高平伸，然後雙手上提、雙手掌心向前，與左掌握拳：（圖324）

圖324

Ⅱ. 雙手由上而下、前臂平放於胸前，右手掌心抵於左拳、抱合於拳背：（圖325）

圖325

呼氣—

Ⅲ. 左腿腳尖前移半步，右後腿勁根貫腰脊、上身趨前，結合右掌推左拳、臂，腰脊雙臂直覺貫串左肘、向左側方擊出：（圖326）

圖326

Ⅳ. 重心在右後腿不變，左手垂放、或於左腿內側，與腰胯向內微收、上身內折，同時右掌拇指移左腋下、虎口貼護左肩，身勢趨左側前方（7½）、左肩隨勢向前靠出，兩眼向左肩前方平視：（圖327）

圖327

吸氣—

Ⅴ. 重心前移左腿、坐
實，後腳尖虛放同時，雙
手放開隨身趨向右側轉動：
（圖328）

圖328

Ⅵ. 腰胯轉向右側方（10½）同時，左手平移前方、
掌心向右，右腿提起、右手微收於腰際（如圖329）：右
掌上提與胸平，左掌移護右肘側，然後下坐左腿，右腿前
踏一步、腳跟著地（如圖330）：

圖329

圖330

呼氣—

VII. 左後腿蹬勁、直覺貫腰脊，放下前腳尖、輕提腳跟，右手向前下採、隨勢向前推出與腰平：（圖331）

圖331

圖332

吸氣—

VIII. 左腿起直、右腳尖收至左腳掌內側，同時左手放下，左掌向左後側移動；然後雙手經肩平上移，雙手掌心向上，由下向上提伸：（圖332）

IX. 隨左實腿、腰胯下坐同時，右掌握拳，與雙手由上而下、前臂平放於胸前，左掌心抵於右拳背、抱合右拳狀：（圖333）

圖333

147

呼氣一

X. 右腿腳尖向前踏出半步,左後腿勁根貫腰脊、上身趨前,結合左掌推右拳、臂,腰脊直覺貫串右手肘、向右側方擊出,雙眼向右肩前平視:(圖334)

圖334

XI. 重心在左後腿不變,左手垂放於左腿內側,與腰胯向內微收、上身內折,同時左掌拇指移左腋下、虎口貼護右肩,身勢趨右側前方(10½)、右肩隨勢向前靠出,雙眼向右肩前方平視:(圖335)

圖335

(85). 左進步撲心掌：

吸氣—

Ⅰ. 腰身後移、回直與
半坐左腿，右前腳尖收至左
腳掌內側、維持虛放：（圖
336）

圖336

Ⅱ. 腰胯繼向左腿坐實，然後，腰胯、右腿從左向右
旋動踢出，右掌由下經左側、上劃半圓至胸前（如圖337
），右腳前踏一步、腳尖朝右側，與右手經左掌前方、向
前按出（如圖338）：

圖337

圖338

呼氣─

Ⅲ. 重心前移右腿、微坐，收左後腳、再向前（09）踏出一步，左腳尖著地同時，右腿勁根起、腰際內外貫連，腰脊直覺上貫雙臂，左手經右掌上方向前按、擊出，右掌護於左肘下側：（圖339）

圖339

(86). 退步右白鶴亮翅：

吸氣─

Ⅰ. 微坐右腿，收回左前腿、再退後一步；重心後移左腿、微坐，左掌收回至右掌內側：（圖340）

圖340

Ⅱ. 左腿、腰身起直，右前腳尖收於左腳內側，與右手向上迎移護於頭頂、掌心向上，左手下放左腿側：（圖341）

圖341

呼氣—

Ⅲ. 雙腿、腰胯下坐，右掌上托同時，左掌虎口沿左腿側下按：（圖342）

圖342

(87). 右摟膝拗步：

吸氣—

Ⅰ. 雙手隨腰身向左後方轉動，右手前臂下劃於胸前，左手由後上揚與肩高、掌心朝內，兩眼向後平視：（圖343）

圖343

Ⅱ.右腿向前踏出半步，
上身隨腰胯下蹲、重心移右
前腿同時，右手隨身勢右
轉、手掌下摟至左膝，與左
臂上揚、左掌前移左耳側：
（圖344）

圖344

呼氣─

Ⅲ.左掌繼續摟過左膝同時，左腳尖進至右腳側，與
右腿勁根貫腰脊，身勢直覺貫串、趨前，左臂順勢向前推
出，右手本然垂放右腿側：（圖345）

圖345

(88). 左挑簾式：

吸氣—

I．左腿後退一步、重心後移坐實，與上身微仰、提起右腳跟虛放同時，右手上揚與左手腕交叉於臉部前方；然後，隨腰胯右向微轉、下坐，前腳跟趨前轉動，右掌同步移護向上、左掌下移胸前：（圖346）

圖346

II．隨腰胯右轉右腳跟趨前、放下腳掌，然後，重心前移右腿、坐實，左後腳跟輕提、虛放：（圖347）

圖347

呼氣─

Ⅲ. 收左後腿、腳尖前踏一步，右後腿伸直、勁根貫腰脊，下盤直覺貫雙臂，與左掌順勢向前擊出：（圖348）

圖348

(89). 左海底探針：

吸氣─

Ⅰ. 右腿微坐、前腿腳尖收至右腳內側，站直右腿同時，左手下落垂放於左腿前側：（圖349）

圖349

Ⅱ. 兩腿雙膝伸直、上身前屈下彎，左手下探至左腳尖前、指尖著地，右掌依然護於頭部前方：（圖350）

圖350

圖351

呼氣—

Ⅲ. 重心移左腿、右腿跟輕提，雙腿下蹲同時，抬頭向前、平視，與右手掌向前方按出：（圖351）

(90). 左青龍出水：

吸氣—

Ⅰ. 重心移右腿、落實腳掌，輕提左腳跟、虛放，腰胯、雙腿上升，右掌回護頭部，左掌隨身勢上托至胸前：（圖352）

圖352

呼氣—

Ⅱ. 左腿腳尖前踏半步，半坐右後腿蹬起，勁根與腰脊貫串，直覺連雙臂、左掌依勢繼向前方托出：（圖353）

圖353

(91). 左轉身撇身腿：

吸氣—

Ⅰ. 右腿半坐、腰胯向右半轉，前腳虛腿不變，左手隨身收落於腹部前側握拳，右手下移、掌指護於左腕上方：（圖354）

圖354

Ⅱ. 隨腰胯向左半轉，左前腿腳跟趨右前方轉動，落實腳跟與身體重心前移，同時左臂順腰脊轉勢，左拳心翻轉向上、向左側前方（09）旋轉擊出，右掌指貼護於左肘上，右後腿腳跟輕提、轉虛：（圖355）

圖355

呼氣—

Ⅲ. 微坐左前腿同時，收右腿、再前踏一步，腳尖著地，左腳勁根連腰際、丹田內勁直覺貫脊臂，隨腰胯、上身趨前與放開左拳，掌心向下右掌，沿左小臂、順勢向前（09）揮出：（圖356）

圖356

吸氣—

IV. 腰身、左腿半坐,與
放下右腳跟、翹起腳尖,隨
腰胯自9點鐘轉左,轉向6點
鐘方向、放下左腳掌;同時
右手上揚至頭頂,左手下垂
於左腿側,如下側面照(以
下同):(圖357)

圖357

呼氣—

V. 隨著身體重心向右腿
移動、輕提左腳跟同時,左
手臂上揚、向左前,左腳尖
收於右腿內側、微坐右腿:
(圖358)

圖358

VI. 腰胯繼續下坐,左拳
同步續向下移於小腹:(圖
359)

圖359

吸氣—

VII. 左拳心翻轉上提於面前同時，左大腿向上提平、左腿微升，右掌虎口沿左前臂外側，同步向下移護於左肘下方：（圖360）

圖360

圖361

VIII. 上身原勢不變隨右腿下坐，與放下左腿、腳掌向後伸：（圖361）

呼氣—

IX. 上身原勢隨右腿蹬起、腰跨左向旋出，小腹丹田勁道貫左腿、順勢經前方腰平旋踢出：（圖362）

圖362

X. 左腿下落於左側前、腳尖向（1½）左方（如 圖363）；身勢趨前同時，左拳順勢向左側方擊落（如圖364）：

圖363　　　　　　圖364

吸氣─

XI. 身體前移左腿、微坐，右腿腳尖收移左腳跟後，然後上身向右半轉，右手向右前方伸出與肩平（如 圖365），右腿向右前方（4½）踏出一步，同時左手握拳上移腰際、拳心向上（如圖366）：

圖365　　　　　　圖366

呼氣—

XII. 身體重心前移、落實右腿，左腿腳尖進至右腳側、虛放，左拳心旋轉向下、向右前方擊出，右手移護左肘上方：（圖367）

圖367

(92). 左肘底錘：

吸氣—

Ⅰ. 輕提右腳跟，腰胯向右下微坐、轉動，右腳尖為軸、腳跟隨轉向左，放下右手、左手內收於胸前，與落實右腳跟、微坐腰胯：（圖368）

圖368

Ⅱ. 右腿、腰胯微起直，左手平伸隨身轉動、向前經左側劃一半圓，與握拳收貼於腰際，上提左腿、腳尖放鬆同時，右手由下上旋至胸前、掌心向左：（圖369）

圖369

圖370

呼氣─

Ⅲ. 右腿半坐，左腳前踏一步、腳尖著地，腰胯內勁直覺貫雙臂，左拳順勢經右掌下方向前擊出，右掌護於左肘上方：（圖370）

(93). 左蹬腿、回身高探馬：

左蹬腿：

吸氣—

Ⅰ. 右腿起直，左腿收至右腿內側，腳尖著地，左拳自右側上揚前臂收於胸前，右掌護於左肘下側，與微坐右腿：（圖371）

圖371

圖372

Ⅱ. 上提左大腿，左手掌沿右前臂移於右腕外側，右腿微坐：（圖372）

呼氣─

Ⅲ.右腿起勁、腰部內外貫脊臂,與左腿順勢向前蹬,雙臂同步肩平伸開(如圖373);然後收左腿(如圖374):

圖373　　　　　　　　圖374

吸氣─

Ⅳ.右腿微坐、左腿後退一步、腳尖著地,雙掌內收胸前:(圖375)

圖375

Ｖ. 重心向後移動、放下後腳跟，落實左腿重心同時，胸前雙掌指尖向對、隨腰身向後平移，腰胯向左後方（10½）轉動同時，向下掌心雙手朝左後方削出與肩平，兩眼向後平視、與右腿腳尖收於左腿內側：（圖376）

圖376

(94). 右、左掤手、攬雀尾、如封似閉：

右掤手：

吸氣—

Ｉ. 左腳重心不動，雙腿、腰胯下坐，向右側、後方（4½）轉向，同時兩臂手掌下移，右手掌向內半抱於心前，左手掌貼護右腕側：（圖377）

圖377

呼氣—

Ⅱ. 右腳尖前踏半步，左腿蹬起、勁道經小腹內外肌群整合，內勁直覺貫脊、臂，雙手順勢向前方掤出：（圖378）

圖378

右攬雀尾：

吸氣—

Ⅰ. 雙腳掌原勢不變、上身中正，左後腿下坐、腰胯右轉，左手下旋於左腿前側、掌心向上，右手隨腰胯轉動，上提右肩前方、掌心向下：（圖379）

圖379

Ⅱ. 左腿繼續下坐、腰跨續轉右向，與右手沿右側下旋於右腿側、掌心向上，左手由左側上旋於肩前、掌心向下：（圖380）

圖380

圖381

Ⅲ. 腰胯再向左轉動，相對雙手掌隨腰身轉左側，雙掌合抱微收、於胸前左側：（圖381）

Ⅳ. 腰胯自左側轉正、半坐，腰身向4½，與右手上移於胸前、左手掌貼護右腕上：（圖382）

圖382

呼氣──

Ｖ.左後腿蹬起、腰脊直
覺貫雙臂，相貼手腕向前擠
出：（圖383）

圖383

右如封似閉：

吸氣──

Ｉ.擠出右掌心翻轉向
上，兩臂手肘內合，腰身下
坐左後腿：（圖384）

圖384

Ⅱ.腰身、重心前移右
腿、半坐，左腿輕提腳跟，
同時右掌翻、掌心向下移腹
左腕下方：（圖385）

圖385

呼氣—

Ⅲ. 右腿勁根、結合腰際,直覺貫脊臂與收左腳尖,左臂經右手掌上方向前推出,右掌原勢護於左肘下:(圖386)

圖386

吸氣—

Ⅳ. 放下左後腳跟,重心後移、落實左後腳掌,輕提右前腳跟同時,雙手互動、手肘微收,雙手掌心向前同胸寬、分移兩腋前(如圖387);上身不變、腰胯再微下坐,與雙手肘收合,右腿前踏半步、腳跟著地(如圖388):

圖387

圖388

呼氣—

V. 左腿蹬起、勁根經腰
脊貫手臂，與放下前腳掌、
輕提腳跟，全身直覺前移、
雙手順勢向前按出：（圖
389）

圖389

左掤手：

吸氣—

I. 腰身前移、坐實右前腿，左腳跟輕提，兩手放下
（如圖390），腰身微轉左向、下坐與臉看左側（1½），
後腳尖手收移於右腿掌側（如圖391）：

圖390

圖391

Ⅱ. 抬起左腿、腰轉向左，同時雙手抱合於胸前，左掌心內抱、右掌指貼護於左腕（如圖392），上身不變、右腿下坐，左腿前踏一步、腳跟著地（如圖393）：

圖392

圖393

呼氣—

Ⅲ. 右後腿蹬起、腿勁結合小腹內勁，直覺貫脊髓、手臂，同時放下左前腳尖、輕提腳跟，隨腰身趨前、雙手順勢掤出：（圖394）

圖394

左攬雀尾：

吸氣──

Ⅰ.左前虛腿不變，右後
實腿向下微坐，腰身向左轉
動同時，右手下放右腿側、
掌心向上，掌心向下左手上
移左上方：（圖395）

圖395

圖396

Ⅱ.右腿繼續下坐、腰跨
續向左轉，左手沿左側下旋
左腿前側、掌心向上，右手
同步沿右側上旋右上方、掌
心向下：（圖396）

Ⅲ.右腿重心不變，身
隨腰胯轉右、雙手互動，對
抱雙掌微收、抱合於右側前
方：（圖397）

圖397

Ⅳ. 身手隨腰胯向左轉
正、坐實後腿，雙手肘內
合、雙掌移近心前，左掌心
內抱，右掌指貼護於左腕：
（圖398）

圖398

圖399

呼氣—

Ⅴ. 右後腿蹬起，腿勁直
覺貫串腰脊手臂，右手貼於
左腕順勢向前方擠出。（圖
399）

左如封似閉：
吸氣—

Ⅰ. 擠出兩臂手肘向內收
合、左掌心前翻向上，坐實
右後腿：（圖400）

圖400

Ⅱ. 然後，身體重心前移左腿、坐實，同時雙掌收合胸前，左掌心翻向下方、收入右掌腕下：（圖401）

圖401

呼氣─

Ⅲ. 隨後，左腿起勁、直覺貫串腰脊，與右後腳尖收至左腿側，掌心向下右臂，隨身勢向前方推出；左掌護於右肘下方：（圖402）

圖402

吸氣─

Ⅳ. 身體重心轉移右腿、腰胯向下坐實，與左腿轉虛、輕提腳跟同時，右手掌收回於右胸前方，左手掌經胸前、前移左胸前，雙手掌心向前、於腋前同胸寬：（圖403）

圖403

呼氣─

V. 左腳向前踏進半步、腳跟著地（如圖404），同時右後腿起直、勁根連結腰際內外肌群，放下左前腳掌、輕提腳跟，腰脊直覺貫串雙臂、雙掌順勢向前按出（如圖405）：

圖404

圖405

(95). 右上步採手：

吸氣─

I. 身體前移坐實左腿，與腰身微轉向右（03）同時，輕提右腳跟，與右手下放於右腿前，左手原勢、掌心轉向右方：（圖406）

圖406

Ⅱ. 左腿起直,與右大腿、右掌上提,右掌心向左、上提與胸平,左掌下移於右掌與右大腿間(如圖407),左腿下坐同時,右腳前踏一步、腳跟著地(如圖408):

圖407

圖408

呼氣―

Ⅲ. 右前腳掌放下,同時右手掌下採與胯平,然後左腿蹬勁連貫腰脊、手臂,與輕提前腳跟,右掌隨勢平小腹推出,繼續上升與腰平:(圖409)

圖409

(96). 左單鞭：

吸氣—

Ⅰ. 放下右前腳跟、翹起腳尖，左腿向下半坐同時，右前臂、手掌從右側上勾，掌心向右臉側，左掌護於右肘下：（圖410）

圖410

圖411

Ⅱ. 上身原勢隨腰胯向左轉正（12），右腳尖左向內勾、落實腳掌，與右手小臂原勢隨腰身向左轉動、劃一半圓，左手原勢、橫肘於胸前：（圖411）

Ⅲ. 右手五指尖抓合成梅花爪、手掌內勾，從前方向臉部勾落，左掌沿右小臂外側移護至右腕移，雙手前臂轉動、折收與肩平，左掌指護於梅花爪右腕上：（圖412）

圖412

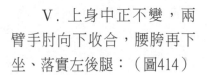

圖413

Ⅳ. 雙腿腳掌不變，腰身轉向右側（03），與坐實左腿：（圖413）

Ⅴ. 上身中正不變，兩臂手肘向下收合，腰胯再下坐、落實左後腿：（圖414）

圖414

呼氣—

VI. 左後腿起直、力根結合腰脊，直覺貫雙臂、雙手原勢向前擊出：（圖415）

圖415

VII. 重心前移右腿、微坐，雙臂微收（如圖416），然後左腿腳尖進至右腳掌內側，與右腿、腰脊勁道直覺貫雙臂，雙手原勢再擊之（如圖417）：

圖416

圖417

吸氣—

Ⅷ. 右實腿、右臂梅花爪
原勢不動，上身隨腰胯向左
後方（09）轉動，同時左前
臂、手掌沿右臂內側平移，
左掌經左胸前側上提、轉向
左側臉部前方，左掌心向右
與兩眼平視，同時轉動左腳
跟、腳尖向左：（圖418）

圖418

Ⅸ. 右後腿下坐，左掌向下切落（如圖419），左腳前
踏一步、腳跟著地，左掌繼續切落與腰平（如圖420）：

圖419

圖420

X. 右後腿蹬起、腿勁腰勁貫串，直覺經脊、手臂，
與放下左腳尖、輕提腳跟同時，左掌順勢向左側前方
（09）按出與肩高：（圖421）

圖421

……三段 前半段（63 -96）拳法解說　完了……

4. 拳架內修要點

運動經外在身體四肢意識自覺、鬆放，腹部呼吸、氣存丹田與主導全身內在運動養成與習慣，效益在內臟運動、心血管循環活潑，內在意識自覺、意識澄淨發展，將帶動全身大小循環活絡。

現在西方的生理學者資料顯示，常人靜止狀態的心搏次數每分鐘72次運算，心搏的輸出量是72×0.07＝5.0 L／min，即相當於成年人血液約5公升之量，也即常時人體每分鐘血液在體內循環一圈；運動時心臟的輸出量20－25 L／min之間，即每分鐘循環了4－5次之多；又如專業運動家強力運動的心臟輸出量可達35 L／min，是常時心搏量的七倍之多，但並不能代表能及於微循環，或全身細胞的代謝。

如體能表演的運動家、或氣功師的運動鍛鍊，專注於增強身體某些局部運動的加重，其運動提升了心搏或心血管的血液循環，大量血液趨向重力運動的局部管絡，身體其他輔動部位、或不參與運動的組織，血液流量反而減少，如運動時，內臟器官、功能組織緊張，組織小動脈括約肌緊縮，阻斷了微血管的血氣流量，內臟組織體液擴散

不佳、新陳代謝不良,細胞反而得不到營養、細胞吃不飽;這些組織血氣流動不佳,即各種劇烈運動,人體容易疲倦的現象。

太極運動過程中,使全身組織微循環活絡、細胞代謝活潑,是本章節身心運動解說的主題;身體組織的部份緩慢、重力運動與收縮,大部份不參與運動的組織自覺鬆放,組織微血管承受心血管提升的血流,組織血氣活絡、細胞代謝活潑;全身器官組織,陰陽互換運動,器官組織交互鬆縮,組織血氣交互活絡的生理機轉;這古來的內功修為、運動方法,能在重量運動中,將心搏、心血管提升的血液流量,全數由身體組織微循環同步承受,是我中華先賢的智慧傳承,也是現代西醫、生理學上所沒有的好方法。

人體組織微血管的血氣流量,隨同拳架緩慢的大運動量,將前述運動家提升的心搏、心血管血流,在全身組織微循環同步提升,細胞衰退全面恢復,是醫學上最有效的健康運動方法。

4-2 身心全面運動

在日常生活狀態,身體組織微循環流量,是全身血液流量的5%;微血管與體液間的擴散,細胞新陳代謝,是人體生機所在、生命功能根本。

人的心理影響生理、意識影響組織的微循環,人之神情緊張或鬆放的不同意識狀態,在左右組織微循環,意識

狀態影響體內恆定機制；如身心在全面運動時，心中有掛慮、不專心的散漫趨向意識狀態，身體組織血氣活絡受影響、趨向減小流量；或如在運動中心情沒放鬆、內在緊張的意識習慣依然，小動脈趨向收縮、微循環不活絡等，雖然在做運動，但是身心緊張的意識習慣不變，組織血氣活絡效益不佳、或在負面上，運動不及於組織血氣活絡，組織細胞功能得不到改善，人體還是不健康，是習者須認知的知識。

心理層面的全神自在做運動，就是各組織功能意識自覺、各意識自在自覺的不相互干擾；著力運動的器官組織意識，自覺自在的緊縮加重運動量與耗氧，不參與運動的其他大部份器官組織意識，都自覺自在的全面鬆放狀態，覺的開展是意識化開趨向，意識靜、虛阻障清除與血氣活潑發展；身體部位在陰陽交互運動、組織血氣交互活絡，使細胞大量耗氧、營養代謝活潑，組織功能全面性提升，是本章要養成身心、組織全面運動的要義。

人體內在大小功能意識活動，形成了複雜的內在意識流狀態；這內外意識自覺的運動，各大小器官、功能組織層面，都意識自覺的同步運動，使各官能組織血液循環活潑；與向內在意識自覺主導身心全面運動，也是王老師的「兩眼平視」，從基本動作、各種內臟運動，到拳架學習、拳架內修，都要「兩眼平視」，也即身心自覺到腦意識自覺的內涵；眼睛活動代表腦內思想的動。

人體身心、意識，內外一體，意識自覺運動特色，直接由外在意識自覺，進入常人不理解的內在意識領域運

動，內在意識自覺更是常人不清楚的名詞，從人體使控意識自覺，向內在意識、心性自覺進展，漸漸深入內在深層、擴及全面運動，是人們抗衰退、生性健康，須再認知的身心運動常識。

4－3 提升運動量、耗氧

專業運動家的運動，為某項體能、技巧或部位功夫的表演做運動鍛鍊，生理學者說雖其心臟輸出量可提升到常時的七倍之多，但是，並不代表心血管循環能等量提升，身體組織微循環不普及，甚或其內臟器官的某部位組織血氣流動更下降；比如舉重選手的鍛鍊，運動中內臟組織微循環流量反而下降，與短時間的血流阻斷，其組織細胞的新陳代謝更不佳。

人體功能的衰退與病變、老化，起因自細胞代謝的不良；健康運動的效益，在各功能組織微循環血氣的活絡，細胞新陳代謝的全面活潑；關鍵在能謹守前面章節提示，各式運動進行中的要領解說，能夠徹底做到，如陰陽交互運動，吐納趨向緩慢、深長；使腹式呼吸帶動內臟組織鬆、縮修持，即吸氣的鬆放、神氣導引全身，與呼氣的自覺緊縮間距加大，形成內在組織鬆、縮兩極的運動，身心自覺本然的及於組織運動，細胞代謝活潑的耗氧；如腹部緊縮加速靜脈血液的回流、心搏量的提高，大小血液循環的血管都能等量的承受心搏提升的血流；身心的全面鬆放也關係意識的靜虛、覺性活潑等進階。

　　運動中組織的陰陽互換，未參與運動、或待動的大部份身體組織，意識自覺的養鬆、組織小動脈的鬆放，使微循環同步承受自心肺循環提升的血流量；整個運動的進行，都在身體組織陰陽互換、緩慢的高運動量與耗氧，與全身組織微循環血氣活絡，身體細胞代謝活潑的生機狀態；身體組織自覺的全面「養鬆」，是習者在運動中需要掌握的運動進階。

4－4　身心解放、自覺新習慣養成

　　記得在幾年前與朋友聚餐中，朋友的同學問我，你們太極拳的緩慢動作，運動怎麼會有功效呢？我告訴他，當上樓梯的時候，腳步放慢一點，與我們的拳架動作一樣慢，如你的體重有80公斤都落實在單腿上，運動量是常時兩腿平分的倍數，再加上身體上升的重量，他也終於瞭解了；雙腿緩慢的陰陽互換，在平地上是倍數提升負重，上樓梯加上了自身上升、地心引力；若再將雙腿互動放慢一點點，其運動量的提升還更高。

　　這上樓梯的引述加上運動身軀的機械性活動，與身肢的槓桿距離變換活動，是本節加重運動量、提升組織耗氧的主題；若與下節的身心鬆放、意識靜虛進展，使身體各組織深層鬆放、形成身體內部的槓桿作用更大，其運動量的增加與運動效益的提升是無限的，這提升也是趨向內家功夫極高境界之所在。

　　運動開始已考慮到習者的年歲高低、體能的強弱，雙

腿力勁的不同等因素，從內臟運動養成，雙腿站立運動開始，經單腿站立的倍增重力運動，到動態的單腿運動；都是依序漸進的安排，使習者腿部力勁提升、養成，同時，內臟平滑肌群的力道，也漸進提升、與養成。又如腿部力勁較弱者，進入單腿站樁時，也可以從前、後腿平均承擔體重開始，再進升為前腿40％後腿60％，到後腿90、100的加分，提升加重運動量。

這雙腿陰陽分明與前後腿承擔身體重量的分離外，另一方面，動作趨向緩慢、呼吸深長的養成配合，呼吸增長要領已在前面章節提過；這動作趨向緩慢與筋骨拉長有關，運動的拉筋內涵大小血管、全身神經大小纖維，所有動作依照提示漸進的做徹底，自然有助拉長效益、也是身體趨向骨軟筋柔發展，如血管軟化、神經敏捷，身體筋骨的運動拉長是彈性養成、健康的進展現象。

氣存丹田是腹腔內臟肌群、腰薦部主導全身運動的內涵；同時也是腹部靜脈大量血液加速回流心肺循環的機轉所在。此時呼氣的收尾闔習慣，與小腹、內臟肌群緊縮的努力，與運動提升心搏輸出量數倍的血流，在不參與運動的身體組織、器官徹底的放鬆，如心血循環、肺循環血管鬆放的維持，承接心臟提升的輸出量、大量血液循環全身；這大部份不參與運動的身體器官組織，細部也漸漸放開，組織微循環自然也活絡。

如向前彎腰的上身內外，手臂肩膀、頭、頸部或肺部組織的放鬆，甚或雙腿只參與運動的被動肌群出力外，不參與的肌肉、筋骨也都鬆放，使心血管循環全面承受運動

效應的血流順暢。

　　此時運動的動作，在緩慢的陰陽互換加重運動量，與緩慢的深長呼吸、全身組織血液流暢的耗氧，隨著每天運動效益的進展，身肢、筋骨的拉長與彎腰的加深，全身意、覺的周天循環活絡，運動的吐納與放鬆掌握已能熟悉，身體內外的力勁趨向自如；進而使支撐身體重量的單腿腳掌面、全面落實著地處，除了陰陽腿互換活動穩定與全身平穩外，全身組織鬆放程度的進展、全身重量能自然下落放腳掌著地處；全身器官、功能組織鬆放拉長的彈性活動，使內在肌群產生槓桿效應，或與外在身肢槓桿動作貫連；也即內臟自律性肌群趨向與外在使控的骨骼肌貫串運動。

　　運動中的筋骨、內外肌群，如彎腰的徹底，或呼氣時尾閭、丹田的小腹肌群更加緊縮的機械效應外；每一呼氣結尾的海底穴收縮與尾閭內含，貫串內臟肌群徹底的再努力緊縮呼出氣，加強腹腔大靜脈中的血液回流心肺循環；不參與運動的身體組織鬆放，也與下面呼氣時段一樣，能鬆及神經系統的深層，使血液流暢深及組織微循環。

　　這吸氣時段的身心內外全面鬆放納氣，全身的鬆放使氣存丹田與周天運轉全身外，甚或內外組織、腦神經都在鬆放中；人體內都有或多或少的意識慣性，在運動進程中的身心內外都放鬆，常會有部份組織在不知不覺之間又回復到不放鬆的習慣；這種惟微的趨向緊張的意識狀態，是習者運動中須隨時自我覺知、檢查，自我維持再鬆放的狀態，養成全身器官組織自覺、放鬆，解除這內在器官或功

能組織緊縮趨勢的習慣；運動中身心全面解放、自覺新習慣的養成，是器官、功能組織真實放鬆、血液循環活潑的關鍵；組織的真鬆是全身細胞的直接運動，也是這趨向重力運動的目的。

4－5 深入組織真鬆

在前段內臟各器官、功能意識自覺的重力運動、耗氧過程，意識的澄清、阻礙減輕，使運動效益漸進的深入內在生理細部；天心領域的自律器官、功能意識活動複雜，運動的內臟意識自覺主導身體運動，內在意識由隱而顯的向覺開展，這個覺知漸漸擴大，擴及全身組織層面微血管的活潑，關係習者的心理深層意識，運動中須慎心自覺的真鬆開展，使意識自覺漸進深入，意根的覺性活潑、細胞生機活絡在惟微間，這惟微的覺知加分，覺的清純、活絡提升，是運動健康的成效所在。

大周天路徑只是神氣帶動血氣活絡的動線而已，與小周天、卯酉周天等許多周天，都像大小市場的推銷佈線，目的在市場的全面性；運動中血氣隨周天環轉、進而使血氣熱流感知趨向全面擴大，達到血氣活絡全身組織的運動目的。

在前面提過，人體覺性在組織中無所不在，統合神經系統的神經元、神經細胞，與各功能系統的組織細胞覺性貫串全身；意識是這生命細胞覺性的現象，身心、意識自覺運動是組織細胞的全面運動，此時，呼吸、周天路徑

已純熟時，使覺性活絡擴向面、漸進神氣活動向組織面擴展，帶動血氣活絡全身組織。

在此階段運動中，不可只顧「神氣」或「呼吸氣」在體內如何運行，要將覺性貫注在全身組織的全面性運動進階，要領在身肢、意識全面性自覺、鬆放，身心在根本性的意識自覺運動狀態，如外在使控的身肢維持意識自覺的待動，以內在器官肌群自覺主導全身運動；內在意識狀態是趨內虛淨進展，在於組織小動脈鬆放、微循環同步承受自心肺血管循環提升的血流量，是進階到組織細胞層面的直接運動時程；這個解說須習者運動進程到位，自能領悟與清楚的掌握。

從外在、使控的人心層面、與天心中已能覺知的部份內層，漸進的向內、組織全面自覺，是覺的清純與擴展，趨向全身組織面擴大；在大部份器官組織意識尚未顯現，須在內臟肌群意識自覺帶動全身運動漸進，這運動中意識自覺的維持、覺的向內開展，新覺知層面鬆放的維持，層層向內自覺進展，經意根覺性的活潑、深入組織真鬆，是全身組織血氣活絡的門徑。

5. 拳架自覺內修

　　身心、意識自覺的拳術內修運動，是外在使控意識自覺，向內在各自主功能意識層面、潛在意識自覺主導全身運動，內在意識虛淨深及細胞健康；意識自覺（consciousness）經內在虛無意識顯明，再自覺的層層深入，意識的虛化及於生性、細胞運動，即組織血氣活絡、細胞健康的運動全程。

　　以身體、四肢自覺鬆放的緩慢運動，陰陽互換的實腿、腰胯外在肌群自覺、被動，隨著丹田吐納、小腹內臟平滑肌自覺主導全身拳架運動，內在平滑肌群勁道生成，自主功能覺性感知，內臟自覺主導全身內外雙修，也是使控肌群與自主肌群的同步運動，這身心、內外全面運動健康，是較長的拳術運動內修過程；外在使控意識向隱在意識虛化，與內在意識自覺趨向自主神經主導運動昇華，是本節詮釋的運動時段。

5－1　內外雙修、練的時程

　　承與祕傳前階段的運動要領，將常時身體、四肢鬆放，使控意識自覺、被動，由雙腿虛實互換、配合深長的腹式一呼一吸活動，以小腹內外肌群意識自覺主導全身緩慢運動，學習三段拳架招式、運動，即參與運動的實腿、

腰胯內外肌群組織緊縮，不參與運動的虛腿、身體大部份組織都意識自覺鬆放，讓血液循環本然活潑、耗氧；全身緩慢的虛實交互拳架學習、運動，身體組織在緊縮與鬆放互換交替，形成全身功能大運動量、與大量耗氧效益。

　　人體內在恒定控制、自律活動通則之一，全身組織耗氧量，與肺泡從呼吸氣中摘取氧分子量，是等值同量的恒定互動機轉；此際的大運動量、大耗氧量效益，是現代市面上各種有名運動方法，或生理學上強調的慢跑、游泳運動，所不能達到的運動功能效益，祕傳拳術是人體運動、身心健康最佳的運動方法；內在功能層面運動效益的擴大，使內在體液環境恆定機制，每日小幅正常的提升，向上重新設定恆定機制，身心自然漸進更健康，三段拳法的招式比較多，學習、修練純熟的時間也須較長。

　　生理學者說，當組織肌肉收縮時，微血管前的小動脈括約肌，可以把微血管入口完全封住；如強烈運動的肌肉緊縮，或心情緊張、生氣等意識狀態，都會促使微血管血氣不活絡；意識影響血液流暢，組織循環不良、細胞衰退原因。

　　祕傳拳術，以內臟意識自覺主導全身內外緩慢的拳架運動，在心理、意識上，內在各官能全面意識自覺，功能意識趨向虛淨發展、覺性活潑，也是意識阻滯降低、血液循環順暢，人的意識傾向清明導正，許多意識上阻礙或病變，隨著運動進展相對的得到改進；在生理機轉上，如拳架運動的呼氣時，力根在實腿的腳掌著地處，經腿部上貫腰際，腹部內外肌群意識緊縮，壓縮腹腔中大部份靜脈血

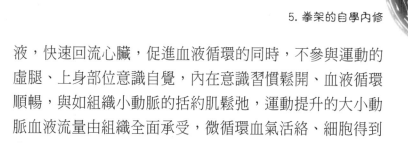

液，快速回流心臟，促進血液循環的同時，不參與運動的虛腿、上身部位意識自覺，內在意識習慣鬆開、血液循環順暢，與如組織小動脈的括約肌鬆弛，運動提升的大小動脈血液流量由組織全面承受，微循環血氣活絡、細胞得到充分的新陳代謝功用。

相反的吸氣時，前述呼氣的虛腿、與另部分腰際部位是運動緊縮一方；與呼氣時運動緊縮一方是鬆放、血氣活絡耗氧，腹部吸氣鬆放、耗氧等等，全身部位實虛、縮鬆交互作用，血液循環全面活潑；整個運動歷程，都在深長呼吸、陰陽腿緩慢的重力運動，與大量耗氧的代謝過程；內外意識自覺的意識解放、虛化，內臟功能直接運動，及於組織、細胞全面健康詮釋，是現代生理、醫學者，需要集思廣義、研究的新方向。

常人生活在思想、意念、知識層面，以人體四肢、使控意識做運動，是週邊體神經分支、骨骼肌群運動，也是一般人認知、以為的運動全部；人體自主功能意識層面，腦性或全身細胞生性等內在大領域，是常人無法直接運動或在運動認知之外；內在功能、生性大領域，是人體健康的根本，直接內在運動、意識內修健康，是祕傳拳術深入細胞全面健康的法門與路徑，也是三段拳術的拳架運動全程。

全身意識自覺、緩慢的虛實互換拳架運動，深入內在組織交互舒鬆，小動脈擴張、微循環活絡，全身氣血旺盛、生機盎然的運動狀態，是太極拳術上的全神貫注、丹田內勁養成，與身肢、內勁的內外合一修程，也是拳經的

「天人合一」行功理路，內勁槓桿作用的精煉時程；是人體內外同步運動、身心雙修健康的時段。

5-2　使控意識鬆淨

　　人體組織自細胞，各種功能細胞組成不同功用器官、功能組織，形成了人體內外、各種功能意識活動。細胞活力的覺性，隱在內外、大小功能意識活動之中；老子對人體意識、細胞覺性，功能互動以「有、無」解說內修、比喻經文：

　　三十輻共一轂，當其無，有車之用；埏埴以為器，當其無，有器之用；鑿戶牖以為室，當其無，有室之用。故：有之以為利，無之以為用。　　（道德經 第十一章）

　　於文字上意義，古時候的車輪製作，素材、車軸上打洞、挖中空（的無），然後插進三十根輻條「**共一轂**」，製成車輪、組構車子可用的「**有**」；用車、坐車的時候，其製作過程、或車轂中空功能等，不存在、「**當其無**」的「**有車之用**」常態；或如陶土素材、實體，製成中空的飲食器皿，屋子牆壁挖洞、設門窗的（空無）有室之用等，比喻身體四肢運動、對外使控意識活動的「**有車之用**」，是隱在意識或自主功能，與生性本能的「**無之以為用**」關係；到身心健康的「**有之以為利**」結果，都是人體「**無**」的內在層面運動、「**無之以為用**」的運動過程；如何深入

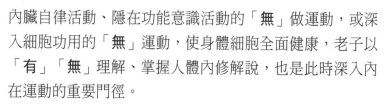

內臟自律活動、隱在功能意識活動的「無」做運動，或深入細胞功用的「無」運動，使身體細胞全面健康，老子以「有」「無」理解、掌握人體內修解說，也是此時深入內在運動的重要門徑。

以現代人體生理學，來解說老子的「有」「無」層面；常人對外求生活動，身體、四肢運動的週邊體神經分支系統，或腦中念慮、思想與顏面感官，自能表現的活動，人體使控意識淺層是此時「有」的層面；內臟器官自律功能活動，自主神經分支功用，與其後的脊髓中間神經元，之後的腦幹、大腦中樞組織，深層功能意識作用，都是人體對內求生、本然活動。

人體內在層層不顯明的功能意識作用，或有一點點感知的隱在，都是內在意識、「無」的不同層面之外，尚有細胞生性的「無」如下。

內外功能意識、有無之中，存在細胞活力、覺性的「無」，細胞生性、覺的感知擴遍全身，隱在有、無功能意識活動之中；每個人都可以自我體悟一下，當高興現象之時或產生怒氣之前，體內先覺知到樂的因素、或不爽情緒的覺感。覺性在身心活動之中無所不在，也是意識有、無層面之中存在的「無」，或如身體週邊、體內各器官功能組織虛微覺知，脊髓神經細胞、腦組織各功能細胞等惟微的覺；這覺性也在「無」的領域統稱之中。

人的身心、意識一體，身心、意識自覺運動，即「有」之意識鬆放、「當其無」自覺，意識虛淨向隱在層面自覺、「無之以為用」內修運動，經隱在「無」的活絡

感知為「有」，向更內層的「無」自覺、「之用」的運動，自覺向內層深入；也是老子的有無相成互用深入，是祕傳拳術直達細胞生性健康的運動全程。

　　細胞活力的「覺」性蘊積了意識，人體內外各種意識活動相互干擾，阻礙了功能活動、影響血液循環使人體老化；從外在使控意識、感知意識的「有」鬆放，「當其無」的自覺，向內層「無」的意識體自覺、「無之以為用」深入；也是身體、四肢鬆放自覺的被動，由內臟意識自覺主導全身拳架運動時程；漸進的內臟功能意識活潑、平滑肌群力勁產生，也即外在使控意識化解、鬆淨，內層、隱在意識漸進感知、顯現為「有」，進入內臟平滑肌群、內在意識自覺，主導身肢運動的「內外雙修」時程；從拳架內外合一運動、「練的時段」，內在功能意識自覺、意識漸進虛化，丹田勁道增長、覺性活潑，週邊意識鬆淨、內外運動協和，趨向自主神經自覺、歸於中樞整合全身運動進展。

　　此時段運動中，拳架招式變動與小腹一呼一吸習慣自如，與熱身運動中的大周天循環、覺的貫連活絡時，漸漸的放開腹式呼吸、大周天循環意念，讓內覺活絡擴全身、神氣充滿內在進展；如拳經說的「以氣運身、氣動身亦動」向「氣要順遂」的擴遍全身發展；此時把內在微微意念放開，在無的隱在層面自覺、「無之以為用」，覺性、血氣、各種激素自然活絡，趨向純覺活潑、生氣盎然，或「神氣順遂、毫無阻滯」的內覺運動狀態進展。

5－3　自覺運動進展

　　全身內外意識全面鬆放、身心全面意識自覺的拳架運動，意識自覺在內層意識「**無**」、細微覺性開展，身體內在意、氣的活動，是意到、血氣到的微微神氣活動狀態；全身的拳架招式運動，勁根樞紐主宰在腰脊，直覺貫雙臂、形之於掌指；在拳經的「兩臂鬆」，把兩肩端起的習慣放開，鬆開雙肩下放的「沉肩」，肩膀、脖子的意識自覺；與手肘舒鬆、下垂的「垂肘」，若有握拳習慣須放開，手掌只維持自覺狀態，血液循環自然活潑。

　　拳架在雙臂、雙腿虛實交互運動，力勁主宰於腰，腰際是全身上下活動中心，腰薦部承繼腿部上貫脊臂主導全身運動，腰際是拳架運動樞紐；「鬆腰、鬆胯」腰與雙腿的圓轉自如，雙腿自覺上貫、勁道在胯相接於腰，腰胯意識自覺、鬆放，全身內外覺性貫連、自覺直落腳掌，是拳經的「足掌貼地」，下盤自然穩固；這內修拳術運動的身心自覺要領，是化開內外意識、直達細胞健康的路徑。

　　拳架運動中，體運動神經、使控意識都能鬆放，雙手無使控意識的動、像自動的活動，四肢招式轉變漸進自如，由內部自律功能意識自覺主導全身運動，如老子的「**無之以為用**」深入筋絡覺性貫連，向手腳輕靈發展，能感知內在血氣漸進活潑，是內覺運動進展、歸向自主神經運動的狀態。

　　體內自律功能活動，自主神經系統的神經細胞快速統合，及內分泌細胞的激素經血液循環慢速調控，整合全身

各器官、功能系統，共同維持穩定內在體液環境，使細胞存活與發揮生命功用；如微血管中的血液由血漿，與各種血球細胞懸浮其中組合，血漿、體液是所有細胞消耗氧、養分，及代謝物通透交換的內在環境，運動能及於全身組織微循環血氣活絡，在使體液中物質分子進出，輸入與輸出平衡狀態提升、新陳代謝活潑，細胞不衰退、功能就健康。

此時是拳經的後天之力化盡、人心意識澄虛，推向內在功能意識自覺主導運動；身體歸合於內在自主神經，內在意識自覺主導身體、四肢運動，內在一切意想力，自能支配的用意、用力等，生理作用放開、自覺，內在功能意識習慣自覺、虛化，趨向組織意識自覺深入，器官功能、血液循環活潑，內臟肌群、先天之內勁自然增長，也是拳經的「勢勢存心揆用意，得來全不費工夫」的進展；拳架招式變化在「默識揣摩」向「漸至從心所欲」境界發展。

人體大小功能組織、神經纖維末端，歸向自主神經分支，經脊髓中間神經元，整合於腦幹、統合於大腦中心：內在意識全面鬆淨、內覺活潑本然，向腦幹整合全身內外運動，漸進的神氣擴遍全身運動進展。

6. 神氣擴遍全身修程

　　太極拳術是內在主導身體、四肢的運動，內在各種大小功能活動，源自深層組織微循環、細胞生性功用，都在生命自主功能大領域；身體健康在細胞衰退的恢復，生命本能的發揮：內在運動經驗，關係自律活動功能與生性本然，運動內修進展解說，只能以原則性質指導為主，不在拳招的制式動作上。如張三豐祖師在拳術論注云：「欲天下豪傑延年益壽，不徒做技藝之末也。」武術精華在內功，是內臟軟體直接運動、細胞內修健康，不在招式硬體的技巧。此時段的拳架內在運動、內修進展，可以老子的**「始於易、修於細，終不為大、能成其大」**做標題，註解神氣擴遍全身、內修健康路徑。

　　身體、四肢都在鬆放自覺向內的**「始於易」**，內在意識自覺、微覺的**「細」**主導內在微微運動，隱在意識各層面的澄淨，微覺活絡、感知的擴大，都在**「修於細」**進程與深入的途徑中；如全身神經元覺性舒展，帶動呼吸氣、血氣、各種激素同步活絡全身組織，即本節以神氣名之的概括，以覺性的貫連、覺的活潑，帶動神氣的氣斂入中脈養成，向全身筋絡擴展，與引發各種微微氣絡活動，氣的活潑擴佈全身，經內在神氣相對流動感知、顯現，順著微微神氣的相對活動，形成筋骨、脈絡相互對拉運動的內修

時程，是本段各小節運動解說的主題。

6-1 氣斂入骨

前面曾提過放開，不在意於腹式呼吸，也能緩慢深長的腹式呼吸；學拳術以來，經拳架學習與練習的長時間養成，已形成運動中，不在意於腹式呼吸，或不在意於大周天循環，都能本然的習慣於周天循環；在腹式呼吸、周天循環本然活動中，每日熱身運動時，隨著呼吸氣進出，神氣以「氣斂入骨」的上下活動養成，也是全身意在神的進階，入門的「5-1.體內『氣』的活動」有：

「腦性主導全身大小神經覺性、各種意識活動的「神氣」，在全身器官、組織之中無所不在，也即神氣能行之於內、表之於外，內外無所不往的活動……。」

任督兩脈大周天導引，將神氣引入中脈活動養成，隨著呼吸氣進出、神氣在中脈上下活絡，神氣斂入中脈與呼吸作用同步養成活動路徑：

吸氣時，神氣從百會、上丹田進入腦幹向下，好像會合吸進空氣於喉咽，神氣經脊髓大椎穴分三路，通向雙臂掌指勞宮，與直下腰薦部、海底，於海底穴再分三路，一路與呼吸空氣充滿小腹關元、氣堂，與分向雙腿直下腳掌湧泉、出氣，同時感知腳掌全面著地，身體重量鬆卸於地面，湧泉、勞宮深長的出神氣，與小腹吸滿空氣深入海底穴，形成緩慢、深長的納氣狀態。

呼氣時，神氣從雙手掌、雙腳掌進氣，進湧泉上升海

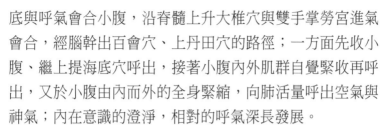

底與呼氣會合小腹，沿脊髓上升大椎穴與雙手掌勞宮進氣會合，經腦幹出百會穴、上丹田穴的路徑；一方面先收小腹、繼上提海底穴呼出，接著小腹內外肌群自覺緊收再呼出，又於小腹由內而外的全身緊縮，向肺活量呼出空氣與神氣；內在意識的澄淨，相對的呼氣深長發展。

以腦、脊髓意識自覺主導全身運動，隨著呼吸、神氣沿中脈上下進出養成，內在各功能意識漸進澄淨、顯現虛無，身體筋骨、經脈趨向舒柔發展，漸進經筋骨脈絡擴遍四肢、或向全身組織發展的下一修程；隨著緩慢呼吸、神氣上下漸漸顯知，神氣綿延活潑、呼吸氣深長、呼氣量更大。

若在意於呼吸氣上，停滯在意識層面運動，手腳拳勢空洞、招式無神，外在神態散漫、內在血氣也不順暢，是拳經的內外神氣阻滯弊病；或誤把意、覺放在周天循環上，將忽略了神氣活動，組織血氣會有不活絡狀態。神氣歸入筋骨的「氣斂入骨」，即內經的髓海，經脊髓貫通全身筋絡，神氣、身軀筋骨同步運動，神氣主導拳架一招一式轉動，全神自覺貫注的覺到、血氣到的運動狀態，是下小節的新進程。

神氣斂入中脈隨呼吸活動順暢，呼吸的空氣在下丹田、海底之間的擴漲、與緊縮互動，形成內臟大運動量、耗氧；隨吸氣向海底穴，神氣經筋骨向下到湧泉時，體內本然隱在另一股神氣上升、漸漸顯現，與呼氣時，另一股向下、相對隱在神氣也將漸漸顯明；此時的運動狀態，吸氣時，隨空氣向下的神氣直下湧泉外，全身自覺、身體重

量下放，與地心引力同歸在足掌貼地處，與另一股上升神氣，自湧泉上升沿中脈到百會的互動，形成組織、筋絡同時向上，與向下對拉的內在運動；反之，呼氣時空氣、神氣向上，另一股向下神氣到湧泉的對拉，形成內在上下縱向運動作用，是此時段內修運動的狀態。

這氣斂入中脈的上下神氣運動，也是脊髓、中間神經元自覺貫串，主導全身拳術運動進展，如足掌貼地與百會對拉，即拳經的「虛領頂勁」，或如抱虎歸山雙手上伸時，兩腳掌面貼地不動、全身隨雙手向上伸展，形成全身上下筋絡、組織的拉筋運動；漸進神氣經脊髓擴遍全身筋骨，向拉筋運動與一呼一吸丹田吐納，氣存下丹田的內勁貫連運動進展；也即黃帝內經的四海通暢開展。

身心自覺、內在意氣虛淨，神氣斂入筋脈一體運動，向「無氣者純剛」發展，內在筋骨脈絡自覺柔弱、神氣活潑，體內覺到、血氣到，是內勁的根源，內外一體產生勁道、彙集成剛勁；腰際丹田內勁、神氣內斂貫串全身，腰為拳架活動樞紐中心，向拳經的「氣若車輪，腰如車軸」的運動比喻發展。

6-2 自覺貫串開展

在拳經上有「氣以直養而無害」的氣，是前述的神氣，自覺活潑帶動微循環的血氣，與各種淋巴激素活絡全身，包括呼吸空氣的氧分子、二氧化碳分子的擴散傳輸，甚或體內氫分子在肺泡中的調節，全身組織新陳代謝循

環，古來以「先天之氣」統稱之，所以「養先天之氣順乎自然」，覺是細胞本性、生性本然，覺的內外活動、進出自如「故無有窮盡」；「非運後天之氣」的使控意氣，人體自能用意、用念指揮的運氣，用意去「運氣則流弊甚大，是有窮盡」；也即用意、用念去運神氣，如指揮自律活動的血液循環，或用意打通經脈都是「有窮盡」。

就像我們不能要心臟跳慢一點的道理，只有自覺、用覺才能帶動神氣活絡全身，神氣是內功勁根，也是內外勁道統合源頭。

在拳術上有拳經的「全神貫注、一氣呵成」之說，練拳架時全身自覺、覺的貫串，內在虛無意識自覺、鬆放，身體的重量鬆放向下、鬆沉於腿部，隨著修程鬆放足掌著地處；在雙腿虛實互換運動中，勁根源自實腿的足掌著地處，起勁於腿、神氣源之於腿部，腿胯貫腰際、內外肌群自覺主導，主宰於腰上貫脊臂，形之於掌指的「開」；或雙手的坐腕、垂肘、沉肩的氣（神氣）斂入脊骨，含胸蓄勢、沉注腰際丹田的「合」；身肢、內外功能自覺的「全神貫注」運動，神氣斂入中脈、主宰於腰際，開合轉動自覺貫串、完整一體，神氣上下貫串、一氣呵成的連貫運動，自能「一動無有不動，一靜無有不靜」的拳術境界，也是身心全面運動「全身無有偏重之慮」的詮釋。

運動漸進向內在虛無意識發展，腰際自覺貫串全身、主導全身上下一氣的開合運動，隱在意識自覺帶動腰腿，不用意、不用力的用覺開展，每一招一式特別注重腰、腿，配合上體開合轉動、變換招式，在「吸氣的蓄、呼氣

的發」之間，形成全身覺性貫連、神氣擴向四肢；拳術運動貴在一動而能全身動，如有手動而腰不動，手有力無根、身勢散亂；要求在練拳架時，覺性、神氣貫注於動作之中，做到一氣呵成的內勁相連不斷，除了加大運動量之外，在招式變換運動上，身體、四肢的順向轉動，或逆向的螺旋活動，產生纏絲般的勁道，除身肢鬆長、全身覺性貫串運動的要領外，雙手的旋腕轉臂或雙腿的旋踝轉足，與身軀的旋腰轉背，全身虛實變換在腰際轉動，都在腰際內外勁道直覺貫脊臂，形之於掌指的陰陽互換，全在自覺的式式貫連、上下相隨，自覺貫串即是拳經的「內外相合、上下相連」；如招式勁道產生之前，必然腰腿為坐，胸微含以蓄其勢主，然後再蹬腿長身、使內勁，都在覺性能夠由下而上的貫串發出。

內在虛無意識自覺主導，貫串全身筋骨、肌肉的旋轉運動，神氣斂入四肢筋絡的週邊運動，經脊髓漸進歸向腦幹整合全身內外，在陰陽互動力點、變換勁道的運動常態，招式活動不論開展的大動作，或緊湊的小動作，都在內外相合、自覺貫串原則下，力根在腿部與足掌著地處，勁根樞紐主宰在腰脊，與漸進歸向全身筋絡運動、健康進展。

全身功能系統，經神經纖維、脊髓中間神經元整合於腦幹，歸於隱在的大腦生性統合中心，此時段是隱在大腦、經腦幹整合全身功能意識自覺運動，腦幹整合週邊覺性貫串養成，覺無滯礙、神氣活絡趨向全身開展。

6-3 修的時程

　　前段神氣注入中脈運動，經自覺貫串全身、擴遍四肢筋骨修程，在自主神經、隱在意識的微覺主導全身運動，漸進深入器官組織、擴向組織全面運動；內在自主功能中，大小動靜脈管線、血液循環，與交感、副交感神經纖維，大小脈絡、神經互動頻繁，或各種激素隨著血液流動、活絡全身組織，在組織中形成微微的神氣相對活動；如微循環的血氣活絡與否，隨著人體意識狀態在變化外，內在運動關係生理學上，內在環境變數的穩定機制，須在自律活動通則功用中，微微覺性運動、惟微的加分，與組織意識阻滯的相對澄清、解除，歸在細胞生性、覺性的活潑，覺的移動引導神氣活絡全身，所以此段運動以「修的時程」為題。

　　在人體自律恆定機制下，內在意識自覺主導緩慢運動中，意識的漸進澄淨發展，神氣對流由微而顯的感知，覺主導神氣歛入筋絡擴遍全身；以覺性貫串、覺的主導，引動神氣筋絡上下對拉伸展、微微的運動內修，在體內穩定通則的正常小幅上提，如微覺拉筋、筋骨伸展，再深入組織全面伸擴、微微的運動，都須在交感、副交感神經互動，自律功能活動下助長、內修，組織血氣漸進活絡的「修於細」，也是前段的縱橫動向運動狀態延續。

　　覺引導神氣經脊骨、筋絡擴向組織的內修，以靜態熱身的向前彎腰、起直為例，上身起直之際，神氣隨吸氣向

下、下於湧泉，與身體重量沉落腳掌同時，另一股上升神氣，原經中脈、筋絡擴向，與百會的上下對拉狀態；現在沿中脈、筋絡上升，並經筋絡擴向各官能組織、神氣向面的擴張，自覺引動神氣向組織面展擴。

與身體隨腰胯向下半坐、呼氣時，上身中正、「虛領頂勁」與「足掌全面著地」，收小腹、海底穴上提的呼出神氣，再以下單田、海底穴由內而外緊縮，創造神氣隨呼吸氣的大量呼出運動。

神氣隨著呼吸作用，同步活絡全身組織、與內在運動；吸氣帶動神氣向下、內勁落實腳掌外，另一股內在覺知神氣向上、沿中脈擴向內臟組織，經大椎穴分三路，沿雙臂向手掌、與向腦中樞，擴遍全身各組織，感知組織鬆開、全身鬆放，充滿了神氣的狀態，也是腳掌、湧泉與百會、雙掌指的對拉運動狀態。

與呼氣時的內在神氣落實腳掌外，隨著呼出空氣向上的神氣出百會，全身鬆放、擴遍全身的神氣，隨神氣的呼出、全身由內而外的緊縮；即關元與水谷之海的吐納運動。隨著呼吸作用的空氣進出，內在神氣同步漸進擴遍全身組織，與組織緊縮作用漸進及於全面，最後達到身體組織全面緊縮運動與全面鬆放耗氧；也即組織惟微意識自覺、意識虛化，阻礙覺性活潑的清除，向神氣擴遍全身組織、血氣全面活絡的運動進展。

內在自主功能、各器官組織的運動，須將意識層面都放開，於自主神經交感、副交感活動通則下微微的運動，在自律機制通則之下，小幅變動的加分；微微的覺知向內

運動、筋絡伸展，與微微的向面擴大，此時從中脈的上下縱向拉筋運動，與四肢筋絡上下、及左右、前後橫向伸展，橫向擴展運動的加深外，漸漸的使神氣隨著呼吸作用同步擴遍全身組織，與運動中筋絡、組織拉開活動，神氣微微進展的「終不為大」累積，向全身新陳代謝活潑發展，如此日日微覺運動、長期內修進展，直達覺性靈活、細胞全面健康的「**能成其大**」。

在太極拳術、拳架運動上，以內在虛無意識自覺主導身體四肢做運動，內在官能筋骨、大小脈絡管線自覺貫串，神氣活絡周身的拳式變換，內外節節無令絲毫間斷，內在狀態如先賢 王宗岳說：「陰陽相濟相隨，不離不斷。」內外勁道正是張三豐太極拳論的「由腳而腿而腰脊的總須完整一氣」，也即周身自覺貫連的內在虛實互用運動。

內在意識虛無狀態下，覺的活絡趨向純真活潑，隱在神氣漸進顯明、神氣主導拳架運動，向生性層面、「**無之以為用**」運動，是此時的得法運動發展；內在惟覺的「**無**」主導身體、四肢拳架運動，惟覺貫注也是拳經的「內固精神、外示安逸」的拳術指導，在招式變換上也自能「剛柔並進」，與內在虛實互用自如的運動；同時此際的呼吸氣自然更加深長，身體筋骨、經絡、組織更柔軟，隨著呼吸作用進出，覺無窒礙的帶動神氣，活絡全身器官、功能，漸進的向擴遍組織全面發展，與衰退細胞漸進的恢復健康；運動及於全身器官組織，若有功能病變的習者，病變將漸進痊癒、向消除病根發展。

社區大學 期末展
表演 楊秘太極拳之餘與學員合照（作者 右二）：

7. 性功運動

　　外在使控意識自覺向內、化盡，內在意識解放、虛化發展，內在功能覺性貫串自如，隨著呼吸作用自覺引動神氣，漸進擴遍全身各功能組織，向拳經的「全身鬆」指標進展；內在神氣活潑、內勁含蓄，體用時，內勁自然能夠綿延不斷；微覺的神氣主導全身組織運動進展，神氣漸進活絡與精、氣、神活潑充足，也是拳經的「神氣順遂，則身能便利從心」，身體四肢、拳招變換自如的拳術運動狀態。

　　人體內兆計真核細胞的局部組織，在生理學者的顯微鏡下，每個細胞都是獨立區間，每一個細胞浸滯在體液中，這細胞外液是細胞依存的人體內在環境；細胞在體液中以通透方式取得氧及養分，並將代謝物質排除其中。

　　身體組織微循環的血液流量5%，是心血管循環系統功能之所繫，更是生命本能機制所在；體液中的營養分子與代謝物質，由組織微循環運作，經心血管循環系統進出；呼吸系統從外界吸入氧分子，與消化系統吸收各種養分，由循環系統運送分發到全身各組織微循環的體液中，供應所有細胞新陳代謝使用。

　　現代生理學對人體組織解說，小動脈舒縮狀態決定血液進入微循環流動量，受交感神經意識、激素的反射所決

定外，與組織細胞代謝活潑產生局部二氧化碳升高改變，促使小動脈擴張的主動充血機制，或有肌性反應的牽扯，產生血管阻力，也會影響到組織的血液流量，這些人體組織、內在環境機轉本然，是此時段生性功能運動的指針。

　　前面各器官、功能意根自覺、意識虛放，經內在虛無意識顯現與自覺的再虛放，運動中神氣活絡擴向全身組織；向組織血氣活絡運動進展，以組織意識自覺、微覺主導拳架運動，解除肌性牽扯阻力，與小動脈括約肌鬆放的血氣活絡；向細胞全面自覺運動進展，與啟動代謝機轉因子效益，這組織意識虛化、血氣活絡，與細胞運動同步進展，是古來武術內修、性功運動精要；趨向組織覺性、神氣一體的拳架運動，新陳代謝全面順暢提升，細胞向生命本能恢復，與生性病變相對的減除，是本時段運動效程解說。

7－1　血氣活絡 與大氣整體流

　　人體各器官、功能組織的微血管，相距幾個細胞間距、密佈全身組織，微循環是神經意識微調、氣血活絡的快速機轉網絡；在心血管循環系統的末端，由小動脈、或終末小動脈，與小靜脈之間的微血管組成，在組織體液、內在環境形成血氣的微循環，體液中細胞代謝的二氧化碳，經小靜脈、循環系統帶回肺部排出體外；除了二氧化碳外、細胞所產生的其他廢物，經循環系統帶至腎臟與肝臟處理後再排出體外；以及腎臟對體內水分與許多必需礦

物質含量的調節。

　　體內各官能組織微循環的血氣進出體液，是細胞存活的內在環境，血液經小動脈進入微血管，小動脈進入微血管前的括約肌鬆放與否，關係體液、內在環境中，細胞所需物質分子的充裕供應；與體液中代謝物質分子經小靜脈輸出的清除。正確的運動效益，須建立在血液循環能夠均衡暢達全身組織微血管，使全身組織微循環血氣全面性活絡，全身細胞得到充分的新陳代謝作用，是全身細胞恢復衰退功能的運動。

　　在生理學上說，人體中大小血液循環的血流因素，是相關兩點間的壓力差；血液流動阻力的增高，使功能衰退、人體老化；並說血流阻力與體液黏稠度、管道長度成正比，及管道半徑的四次方成反比。影響血流阻力的重要因子在血管的收縮，若血管半徑減為原來的一半時，血液流通阻力增加16倍，血液流量只原來的16分之1而已；影響體內大小血管的收縮的主要因素，是人體意識蘊積，意識習慣形成組織僵化、血氣不活絡。

　　人體組織微微的意識習慣，使組織微循環管道縮小，形成血氣活絡阻力，與使小動脈的括約肌收縮、或有點不鬆狀態，組織微循環血氣不活絡，有一點通、有點不通的狀態，如人在生氣、緊張時，甚至小動脈括約肌緊縮，阻斷某部位組織血氣，像生氣的時候顏面鐵青狀態；又如身心趨向意識習慣用事，易於動怒、在意識作為較深的人，內臟器官、或某部位組織血氣不活潑，細胞得不到充足營養而衰退、容易老化。

　　或如身體某部急速運動，或重力的大運動量，內臟緊縮、與其運動組織肌性牽扯阻力，使相關器官、組織的小動脈括約肌緊縮阻斷血氣，細胞得不到新陳營養而疲倦，代謝物質沒清除而酸痛等狀態；以組織意識自覺、微覺主導全身緩慢的拳架運動，意識虛化、惟覺主導運動方式，是解除前述肌性牽扯阻力，解開大小血管收縮習性，與小動脈括約肌鬆放的全身血氣活絡運動；也是此時深入生性、血氣活絡運動的主要課題。

　　人體內在恒定機制功能，自律節制流通的循環活動，與大自然整體流一體，如呼吸作用、泌尿或血液流動，血液中的分子輸送、體液中新陳代謝物質擴散功能，如氧分子、營養分子擴進，二氧化碳分子、代謝物質的擴出，分子的進出和大自然整體流與之同步。

　　祕傳拳術的運動特色，自入門基礎、拳路學習，與經長期的拳術運動修程，都在緩慢的招式變化，與深長的腹式呼吸同步運動，以意識自覺向內在運動，解除意識緊張習慣，經內臟主導外在全面運動外，化解前述生理學上，常人運動的肌性牽扯產生血管阻力；此時的深入組織運動，與下一小節的細胞全面運動，都關係組織體液微循環本然、細胞通透本能，與大自然整體流同步的安排；以內在惟微意識自覺、緩慢的拳架運動，使體內循環本然活絡、體液擴散活潑，細胞全面代謝熱絡、流汗，與外在大自然整體流連接、順暢。

　　以台灣初春、尚有寒意氣候來說，早上向前彎腰、熱身運動時，神氣主導全身向前彎腰、起直之際，吸氣、

全身鬆放時，神氣從上丹田、百會穴進氣，趨向下丹田同時，組織全面耗氧、熱能上升，身體散熱、皮膚有涼爽感，與毛細孔進氣通透的舒暢感；覺知全身毛細孔進氣、與內氣彙合向下丹田。呼氣、全身緊縮時，小腹下丹田收縮，神氣出上丹田、百會，與向全身毛細孔擴出狀態；此時的身體狀態是無內無外的融合在大自然整體流活動之中，這血氣活絡全身的狀態，將隨不同季節或氣候地帶不同而各異，例述供習者自我體悟、努力；有恆心的每日足夠運動，及於微循環血氣進出活絡、細胞新代謝活潑狀態，是人體健康、延年益壽之根本。

7-2 細胞運動

人的生命是全身細胞功能的共生，每個細胞存在於各自功能組織系統，運動及於全身組織血氣活絡，細胞個別得到存活的完整能量吸收與代謝，如物質進出細胞膜、蛋白質的合成之外，還有維持細胞的生命特化功能，與結合組織、器官系統間的其他細胞同步活性；全身細胞、生性層面的活動，是神經組織系統、神經細胞，整合各功能組織細胞，扮演整體生命活動功能。

前節述及組織微循環，是神經意識微調、氣血活絡的快速機轉網絡；與生理學者說，組織細胞代謝活潑，產生局部二氧化碳升高的改變，將促使小動脈擴張的微循環主動充血機制，是本時段的運動效益指標；也是中脈、中間神經元，整合週邊神經系統、遍佈全身大小神經纖維意識

自覺，主導全身各器官、功能意識自覺運動，蘊存意識的澄虛，意識束縛、相互干擾的減弱，向細胞全面自覺運動進程，以細胞全面運動為標題。

神經系統整合全身功能，遍佈週邊內外器官功能組織，大小神經纖維，經脊髓中間神經元，上下電位傳導活動，整合於頭部、知覺全身；各器官功能組織，意識蘊存情況不等，官能組織活性不同，細胞覺性活絡度也不一樣；如在生理學上說，人體神經傳導速度，週邊最短、小直徑纖維的傳導速度每秒0.5公尺，中間神經元、大直徑有髓鞘神經纖維，傳導速度高達每秒100公尺；以大直徑神經電位傳輸的速度計算，從頭部百會傳到腳底湧泉只要0.02秒鐘。

此時的神氣主導全身拳架運動，以中脈的腦、脊髓中間神經元，從脊髓大椎穴通向雙臂掌指，與腰薦部、海底穴向下湧泉穴，等大直徑神經、神氣快速整合全身週邊；神氣經大小神經纖維，引動週邊官能組織意識自覺運動，漸進向全身細胞自覺運動進展，這身體細胞的全面運動、耗氧，同步啟動前述生理學上的代謝活絡因子，也是衰退細胞復健的祕傳運動所在。

王宗岳先賢的行功心解，有「全身意在精神不在氣，在氣則滯」，是內修拳術最高指導原則；此際的拳架運動，將「全身意」集注「在精神」的自覺活絡、神氣活動上，以中脈的快速電位傳輸，經週邊神經、神氣貫注身肢運動，神氣貫入拳架變化的一招一式中；神氣主領全身「打太極拳」運動。不宜用意、專注在「呼吸氣上」，若

在意於呼吸氣在體內運行、「在氣則滯」，神態不活潑、呆滯無神，也是組織血氣不活絡、微調機轉不靈活狀態，如家師說的「氣勢散漫的弊病」；斯時是隱在的腦、脊髓中樞神經元，經週邊自主神經自覺，整合全身於腰際、主導全身官能組織運動，與身心漸進歸於生性自覺的細胞全面運動狀態。

神氣貫入身肢動作中、神氣經中脈擴注全身，過程是蘊存意識趨向靜虛發展，消除意識習慣束縛與相互干擾減弱進程，漸次歸於細胞全面直接運動；了性、了命的生命自覺修程，神氣活絡全身組織，生性健康是一段較長的運動修程，也是細胞漸進復健、生性趨向健康發展。

……太極長生法門（三）性功運動　終了……

太極長生法門（一）「入門」目錄：

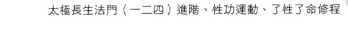

4. 內臟各功能運動式

   4－1. 人體最佳的生機運動

   4－2. 內臟運動練習式

       4－2－1. 向前彎腰、半坐勢

       4－2－2. 左右彎腰、半坐勢

   4－3. 消化功能促進式

   4－4. 內臟全面運動式

   4－5. 心肺功能促進式

       4－5－1. 向前單腿站樁式

       4－5－2. 左右單腿站樁式

       4－5－3. 兩側離地單腿站樁式

   4－6. 健腸壯胃式

       4－6－1. 下勢一式

       4－6－2. 下勢二式

       4－6－3. 下勢三式

   4－7. 身心運動養成式

   4－8. 氣存丹田

5. 內勁根基養成

   5－1. 體內「氣」的活動

   5－2. 周天導引

       5－2－1. 大周天路徑

       5－2－2. 腹部小周天

       5－2－3. 上身周天

   5－3. 每日運動菜單

   星期一：內臟全面運動日

   星期二：身心運動日

   星期三：心肺功能日

星期四：內臟全面運動日

星期五：身心運動日

星期六：健腸壯胃日

6. 秘傳 基本拳法

6−1. 基本拳勢 拳譜

6−2. 招式活動方位 與順序

6−3. 陰陽腿 開始

7. 基本拳勢 學習

(一). 預備式、起勢

(二). 第一個正方

(三). 第二個正方

(四). 四斜方.

(五). 合太極、收勢

8. 內家拳術 運動開始

8−1. 拳架的內修

8−2. 去除硬勁 以養柔

8−3. 身肢放長 備養勁

8−4. 內臟主導全身運動

太極長生法門（二）「進階」目錄：

太極長生法門（四）了性、了命修程目錄

歡迎至本公司購買書籍

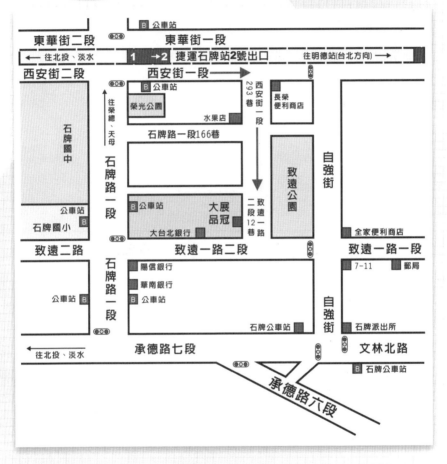

建議路線
1.搭乘捷運‧公車
　　淡水線石牌站下車，由石牌捷運站2號出口出站(出站後靠右邊)，沿著捷運高架往台北方向走(往明德站方向)，其街名為西安街，約走100公尺(勿超過紅綠燈)，由西安街一段293巷進來(巷口有一公車站牌，站名為自強街口)，本公司位於致遠公園對面。搭公車者請於石牌站(石牌派出所)下車，走進自強街，遇致遠路口左轉，右手邊第一條巷子即為本社位置。

2.自行開車或騎車
　　由承德路接石牌路，看到陽信銀行右轉，此條即為致遠一路二段，在遇到自強街(紅綠燈)前的巷子(致遠公園)左轉，即可看到本公司招牌。

國家圖書館出版品預行編目資料

太極長生法門(三)—性功運動／趙憲民 著

－初版－臺北市，大展，2012[民101.10]
　面；21公分－（自我改造；3）
　ISBN 978-957-468-904-0（平裝附數位影音光碟）
　1.太極拳
　528.972　　　　　　　　　　　　101015761

太極長生法門(三)—性功運動（附DVD）

著　　者／趙　憲　民

責任編輯／孟　　　甫

發 行 人／蔡　森　明

出 版 者／大展出版社有限公司

社　　址／台北市北投區（石牌）致遠一路2段12巷1號

電　　話／(02) 28236031・28236033・28233123

傳　　真／(02) 28272069

郵政劃撥／01669551

網　　址／www.dah-jaan.com.tw

E-mail／service@dah-jaan.com.tw

登 記 證／局版臺業字第2171號

承 印 者／傳興印刷有限公司

裝　　訂／建鑫裝訂有限公司

排 版 者／千兵企業有限公司

初版1刷／2012年（民101年）10月

定　價／300元